Hanns Zischler

Kafka geht ins Kino

Rowohlt Taschenbuch Verlag

Lektorat Andreas Anter
Umschlaggestaltung C. Günther/W. Hellmann
Layout Joachim Düster

Veröffentlicht im
Rowohlt Taschenbuch Verlag,
Reinbek bei Hamburg,
Oktober 1998

Abbildungsnachweis siehe S. 160
Umschlagfoto Archiv Klaus Wagenbach
Gesamtherstellung Clausen & Bosse, Leck
Printed in Germany
ISBN 3 499 22376 7

für Regina

Inhalt

Vorwort

> Weil im Kinematographen – das ist der unendliche Wert, den er vor der Bühne voraus hat – alle lästige Realität weggelöscht erscheint.
>
> Alfred Polgar, 1912

Während der Arbeit an einem Fernsehfilm über Kafka entdeckte ich 1978 zum ersten Mal in seinen frühen Tagebüchern und Briefen die Notizen zum Kino. Sie waren sehr verstreut, teilweise knapp und kryptisch. Trotz ihres sporadischen Charakters deutete der erregte, leidenschaftliche und manchmal melancholische Ton auf heftige Gefühle hin, die er mit dem Kinogehen verband. Merkwürdigerweise verstummen diese Äußerungen Ende 1913 fast gänzlich.

Nachdem ich angefangen hatte, mich näher mit diesem Thema zu beschäftigen, verwunderte mich das sonderbare Desinteresse der Forschung an diesem Stoff. Es war offenbar der für Philologen dubiose Quellenwert des Kinos, der eine eingehendere Auseinandersetzung gar nicht erst entstehen ließ. Auf den ersten Blick schien mir der Gang der Nachforschungen nicht allzu kompliziert. Es würde genügen, die spärlichen, aber buchhalterisch genauen Angaben Kafkas mit den Anzeigen in der Tagespresse seiner Zeit zu vergleichen, um auf diese Weise die Filme selbst zu ermitteln. Da etliche Kinobesuche während der Junggesellenreisen mit Max Brod stattgefunden hatten, lag es nahe, bestimmte Stationen – München, Mailand, Paris – noch einmal aufzusuchen. Doch im Laufe der Jahre entpuppte sich die Recherche als ein ziemlich verwickeltes Unternehmen.

Was am Anfang schiere Neugierde war, wurde mit den aus Archiven und Privatsammlungen auftauchenden Bildern und Texten allmählich zu einer detektivischen Suche. 1983 konnte ich erste Ergebnisse im «Freibeuter», einige Jahre später weitere Funde in dem Schweizer Jahrbuch «Cinéma» und in der französischen Zeitschrift «Trafic» veröffentlichen.

Meine Nachforschungen habe ich meistens im Schatten meiner Dreharbeiten als Schauspieler betrieben, sofern sich die Gelegenheit dazu bot. Diese lange währende Zeit hat mich mit Menschen zusammentreffen und korrespondieren lassen, deren archivarisches Gedächtnis sich erst in größeren Zeiträumen und wiederholten Begegnungen entfaltete.

Je mehr Material ich ausfindig machen konnte, desto größer wurde die Schwierigkeit, den Nachweis zu erbringen, daß bestimmte Filme tatsächlich *nicht* mehr existierten. Der verstorbene Schweizer Filmhistoriker Fritz Güttinger, der mir in jeder nur erdenklichen Weise behilflich war, nannte dieses Phänomen ironisch-fatalistisch «Filmlückengeschichte».

Die Wiederentdeckung des zionistischen Films «Shiwath Zion» gibt ein anschauliches Beispiel dieser sonderbaren «Beweisnot». Nach einer ersten, irrtümlichen Zuweisung ging ich, einer vagen Vermutung folgend, den Spuren dieses Films im Prager Filmarchiv nach. Zu Zeiten des bürokratischen Sozialismus war die Suche nach einem zionistischen Film fast ein heikles Unterfangen. Zudem war mein Status als Privatforscher nicht gerade dazu angetan, mir den Zugang zu den eifersüchtig gehüteten Archiven zu erleichtern. Zahlreiche Empfehlungsschreiben, mit denen Enno Patalas vom Münchener Filmmuseum und Eva Orbanz und Hans-Helmuth Prinzler von der Stiftung Deutsche Kinemathek mich freundlicherweise versahen, erleichterten mir allmählich den Zugang zu den Prager Quellen. Es war schließlich Zdeněk Štábla, der verstorbene Historiker des Prager Stummfilms, der im Juli 1987, nachdem ich ihm mehrmals alle mir bekannten Beschreibungen über diesen Film gezeigt und vorgetragen hatte, sich plötzlich an gewisse Bilder und Einstellungen – «pünktlich», wie er sagte – erinnern konnte: «Ich kenne den Film», sagte er zu mir, «er liegt im hiesigen Filmarchiv. Ich wußte bis jetzt nicht, daß er ‹Shiwath Zion› heißt.» Es sollte noch einige Zeit vergehen, bis ich den – hervorragend restaurierten – Film selbst sehen konnte.

Im Winter 1984 suchte ich in Verona lange und vergeblich nach einer Abbildung des seit vielen Jahren verschwundenen Cinema Calzoni. Kafka hatte 1913 vermutlich in diesem Kino einen Film gesehen, der ihn zum Weinen brachte. Ich kann heute nicht mehr sagen, welcher freundliche Veroneser mich an einem Dezemberabend an Pino Breanza verwiesen hat, einen Bäcker, der auf der Piazza d'Erbe seinen Stand hat und ein hochgeschätzter Heimatforscher ist. Herr Breanza eilte, kaum hatte er sich mein Problem angehört, vom Stand weg nach Hause und überreichte mir kurze Zeit später freudig eine Originalphotographie des gesuchten Kinos. Ein anderes Mal war es der verdienstvolle ehemalige Chefrestaurator der Cinémathèque Française, Vincent Pinel, der mir eine verschüttet geglaubte Quelle erschloß: Nachdem ich nicht mehr gehofft hatte, von dem Film «La Broyeuse de cœurs», der einen Brief

Kafkas an Felice wie ein Phantom durchzieht, auch nur ein einziges Bild zu finden, führte er mich in die «Giftküche» der Cinémathèque, in das Restaurationslabor, wo zwei Frauen mit riesigen Gummihandschuhen aus einem wahren Schlangennest von Negativen einige Filmröllchen herausklaubten und gegen das Licht hielten: In transparenter Schönheit trat die «Herzensbrecherin» mir vor Augen.

Erst als die Photos, Photogramme, Programmzettel und Annoncen wie ein willkürlich zusammengefügtes Album vor mir lagen, war an eine Dechiffrierung des Textes zu denken. Der «Text» Kafkas – das sind in diesem Fall die Tagebücher und die Briefe, vor allem die Briefe an Felice, nicht die Prosa. Die von Gustav Janouch kolportierten Äußerungen Kafkas über das Kino waren für meine Untersuchung ohne Belang.

Franz Kafka spielt den Kinogeher in einem Junggesellentheater, das er zusammen mit Max Brod und anderen Prager Freunden bis 1912/13 mit melancholischem Witz immer wieder in Szene gesetzt hat. Die über die Zeit verstreuten und hier wieder eingesammelten Bilder sind die Kulissen, zwischen denen wir das Porträt Franz Kafkas als Kinogeher erkennen können. Gewiß nicht zufällig fallen die ausführlichen Äußerungen Kafkas zum Kino und zum Kinogehen in seinen nächtlichen Briefen an Felice Bauer. Sie ist seine privilegierte Zuschauerin, für sie projiziert er seine noktambulen Abenteuer auf die riesige Leinwand seiner Briefe.

Selbstverständlich waren meine Recherchen nicht voraussetzungslos; sie knüpfen an die Ergebnisse der biographischen Kafka-Forschung an, vor allem an die großen, wegweisenden Arbeiten Klaus Wagenbachs und Hartmut Binders und nicht zuletzt an die der Kritischen Kafka-Ausgabe.

Für die vielen Hinweise, Ermunterungen und materiellen wie geistigen Hilfen danke ich neben den bereits erwähnten Personen Bettina Augustin, Werner Birett, Henryk Broder, Karel Černy, Marguerite Engberg, Jeannine Fiedler, Maria Gazzetti, Michael Glasmeier, Marlis Gerhardt, Nurdan Kling, Annelen Kranefuss, Jean Lemagny, Vladimir Opelka vom Filmovy ustav Prag, Sir Malcolm Pasley, Christa Schabaz, Pavel Scheufler, der Stiftung Deutsche Kinemathek Berlin und Herrn Ullmann vom Münchener Filmmuseum. Ein besonderer Dank gilt meinem Freund Hans-Gerd Koch von der Kafka-Forschungsstelle Wuppertal, dessen *briefings* mir immer wieder auf die Sprünge halfen. Für Geduld, Mühe und Augenmaß seitens des Rowohlt Verlags danke ich Delf Schmidt, Andreas Anter und Joachim Düster.

Unter seinem Pseudonym Nino Frank berichtete Henri Clouzot über den kurzen Film, der die Kinematographie ins Rollen brachte: «‹L'Arrivée d'un train à la gare de La Ciotat› von den Brüdern Lumière: Der Zug erscheint am Horizont. Wir sehen genau die Lokomotive, die im Blickfeld wächst, die vor uns blitzschnell auftaucht und direkt vor der Station hält.»

Die Zuschauer

> Ich danke Dir aufrichtig, mein lieber Max, nur daß mir noch immer die Unklarheit der Tatsachen klarer ist als Deine Belehrung. Das einzige was ich aber überzeugend daraus erkenne, ist, daß wir noch lange und oft den Kinema, die Maschinenhalle und die Geishas zusammen uns ansehen müssen, ehe wir die Sache nicht nur für uns, sondern auch für die Welt verstehen werden.
>
> Kafka, Brief an Max Brod, 22. August 1908

Die Zuschauer erstarren, wenn der Zug vorbeifährt. Wir wissen nicht, welches Ereignis Franz Kafka veranlaßt hat, mit diesem Satz sein *Arbeitsheft* zu eröffnen. Der Stupor und der Schock – mit der Geschichte der Eisenbahn eng verknüpft –, die mit diesem Satz festgehalten werden, sind aus der Frühzeit des Kinos mehrfach überliefert. Dieser erste Satz, der den Leser im ewigen Präsens eines Experiments anspringt, oszilliert zwischen den Zuschauern und dem Zug auf der Leinwand. Ein Satz, ein Reißschwenk. Eine Montage des «Hier» der Zuschauer mit dem «Dort» des Zuges, die um so verblüffender (und auch ein wenig Bluff) ist, als Kafka über diesen Satz hinaus nichts mitteilt. Kein Vorlauf, kein Übergang und kein Ende erlösen den Leser aus dem Schrecken. Der Schock des bewegten und in sich beweglichen Bildes gibt Kafka zu denken. Der nächste, durch einen Tintenstrich vom ersten getrennte Satz – *«Wenn er mich immer frägt» das ä losgelöst vom Satz flog dahin wie ein Ball auf der Wiese* – variiert und verlagert das Paradox der Wahrnehmung von der kinematographischen auf die graphematische Ebene.

Kafkas Eintragung klingt wie ein fernes Echo, eine literarisierbare Reminiszenz an jene ersten Zehntelsekunden des kinematographischen Urknalls. Sie enthüllt bereits das Problem, mit dem der Kinogeher und Tagebuchschreiber sich von nun an konfrontiert sieht: Was kann unter dem Ansturm der Bilder und wie kann *es* festgehalten werden? Dies ist ein Problem der zunehmend erschütterten Wahrnehmung weniger im physikalischen als im literarischen Sinn. Das ganze Spektrum der kleinen Trancen des Kinogehers, das *Weinen*, die *Zerstreuung*, die *maßlose Unterhaltung* sind die affektiven Spuren und Nachklänge von Bildern, die Kafka nur sehr sporadisch im Sinne einer Bildbeschreibung überliefert hat.

Zögernd, aber durchaus selbstbewußt fängt der promovierte Jurist Kafka an, sich als Schriftsteller zu begreifen. In den Jahren 1908 und 1909 konkurrieren kommentierte und weitergesponnene Lektüren noch mit der eigenen Prosa. Er veröffentlicht in der von Franz Blei und Carl Sternheim herausgegebenen Zeitschrift «Hyperion» erstmals, noch anonym, eine Reihe von kleinen Prosatexten. Im Oktober 1907 tritt er seine erste Stelle an: als Aushilfsbeamter in der Versicherungsgesellschaft Assicurazioni Generali; im August 1908 wird er – unter leidlich besseren Bedingungen – bei der «Arbeiter-Unfall-Versicherungs-Anstalt für das Königreich Böhmen in Prag» angestellt. Seinen Dienst versieht er äußerst korrekt – langweilt sich dabei aber schrecklich. Die freie Zeit verteilt er zwischen den Verpflichtungen im Geschäft seines strengen Vaters, den Eskapaden – Caféhaus, Kino, Kabarett, Bordell – mit dem anwachsenden Freundeskreis und den allmählich entschiedener hervortretenden Schreibversuchen. Es ist dies der Beginn der *Hochzeitsvorbereitungen auf dem Lande* und bald darauf der *Beschreibung eines Kampfes.* Anläßlich der Lektüre von Rudolf Kassners Essay «Diderot» entwirft Kafka ein literarisches Trompe l'œil, ein spielerisch-groteskes Capriccio, in dessen Strudel alltägliche Evidenzen so gänzlich verschwinden, als wären sie nur kinetische Schattenzaubereien und Slapstickverzweiflungen: *Ich habe mir schon letzthin über Kassner und einiges andere den folgenden Satz aufgeschrieben: Es giebt nie von uns gesehene, gehörte oder auch nur gefühlte Dinge, die sich außerdem nicht beweisen lassen, wenn es auch noch niemand versucht hat und hinter denen man doch gleich herläuft, trotzdem man die Richtung ihres Laufes nicht gesehen hat, die man einfängt, ehe man sie erreicht hat und in die man einmal fällt mit Kleidern, Familienandenken und gesellschaftlichen Beziehungen, wie in eine Grube, die nur ein Schatten auf dem Wege war.* (EF II, 50)

Max Brod, an den diese Zeilen gerichtet sind, wird von nun an sein bevorzugter Gesprächspartner. Kurz vor Jahreswechsel 1908/09 schreibt Franz Kafka an Elsa Taussig – die künftige Frau Brod – einen kuriosen, spleenigen Brief, der viel über seine damalige Stimmung und über die Lust am primitiven Film verrät. Er spricht darin eine dringende Kinoempfehlung aus, die sich unter der (schreibenden) Hand zu einer nachgerade grundsätzlichen Erörterung über das *Überflüssige* und das *Notwendige* auswächst. Der Sachverhalt, der Anlaß des Briefes ist ebenso einfach wie epistolarisch verzwickt: Elsa Taussig hatte Kafka offenbar um eine Handschriftenprobe gebeten. Nachdem Kafka diesem Wunsch nicht sogleich nachkommen konnte oder wollte, entschuldigt er sich schriftlich und wortreich für das Versäumte. Er liefert da-

Grand-Kinematograph

„ORIENT"

Hibernergasse Nr. 20
(vis-a-vis Staatsbahnhof.)
Grösstes und vornehmstes Kinematograph-Theater Prags.
Eigenes Künstler-Orchester 34448
vom 25-31. Dezember.

Grosses Weihnachts-Festprogramm.
u. a.: Ludwig XVII. histor. Drama.
Bahnbau in Afrika etc.
Beginn der Vorstellungen an den Feiertagen:
Nchm. 2, 4, 6 Uhr., und Abd. 8 Uhr.
Vorstellungsdauer ca. 2 Stunden.

Der Grand-Kinematograph «Orient» wurde am 18. Oktober 1907 von den Brüdern Oeser eröffnet. Zunächst firmierte er als «Elektrisches Theater», ab Mai 1908 dann unter «Orient». Es war das zweite fest installierte Prager Kino. Die von Kafka empfohlenen komischen Szenen sind in der Zeile «Bahnbau in Afrika etc.» versteckt.

mit auch die gewünschte Handschriftenprobe und wird nicht müde, das Fräulein an den Besuch zweier kurzer Filme im Kinematographentheater zu erinnern:

Gnädiges Fräulein,
erschrecken Sie nicht, ich will Sie nur, wie ich es übernommen habe, rechtzeitig daran erinnern (und möglichst spät, damit Sie nicht mehr daran vergessen), daß Sie heute abend mit Ihrer Schwester ins «Orient» gehen wollten.

Schreibe ich mehr, ist es überflüssig und verringert gar noch die Bedeutung des

Pathé frères, Kinematographen und Films, Berlin W. 8
Friedrichstr. 191. Eingang Kronenstr. 14.

2. Serie.

Komische Szenen.

2547
Telegr.-Code: *Football.*

Der durstige Gendarm.

Länge 100 m. Preis Mk. **100.**—

Der Gendarm Gérome steht vor der Tür eines Cabarets und schaut nach dem Matrosen Guyot aus, welcher das Schiff verlassen hat und nicht wieder zurückgekehrt ist. Es dauert auch nicht lange so schwankt der Matrose, wie ein Schiff im Sturm, zur Tür heraus und der Gendarm ergreift ihn ohne Schwierigkeit. Aber nach einigen Schritten entweicht der Matrose durch die Beine des Schutzmanns und versteckt sich in den Kasten eines kleinen Geschäftsrades. Gérome eilt hinzu, schliesst den Deckel und setzt sich, der Sicherheit halber, oben auf den Deckel, während der Inhaber des Wagen losradelt.

Doch der Gendarm und der Führer des Rades bekommen in der Hitze Durst und machen in einem Restaurant halt und so fort, bis beide viel betrunkener sind, als der Matrose. Dieser benutzt dann auch einen günstigen Augenblick zu entkommen und der Schutzmann kommt ohne Beute zur Wache, total betrunken.

«Das Kino bietet das Ideal eines Volksstückes, ja vielleicht das dramatische Ideal überhaupt, denn der Film sieht alles in Bewegung und Ereignissen, da ist keine kleinste Fuge, in die sich Lyrik oder Epik einnisten könnten. Und doch bietet der Film nicht seelenlose Zirkuskünste, sondern in seinen bewegten Körpern sind Seelen verborgen, der Zuschauer muß sie raten, er muß sich selber den Bildertext schreiben, und indem seine Phantasie ins Spiel gebracht und zum Mitschaffen gezwungen ist, erklärt sich zugleich der leidenschaftliche Anteil des Kinobesuchers. Und eben hier liegt nun auch die Erklärung für das Interesse des gebildeten Publikums. Und schließlich bietet das Kino, so demokratisch es ist, dem Gebildeten doch noch einen Vorteil vor dem schlichteren Volk. Dieses nimmt die abrollenden Bilder in voller Illusion als wirkliches körperhaftes Leben hin. Der Gebildete weiß, daß er es mit Schatten zu tun hat, und freut sich dessen.» (Victor Klemperer, 1912)

Pathé frères. Kinematographen und Films. Berlin W. 8
Friedrichstr 191. Eingang Kronenstr. 14.

8. Serie.

Dramatische und realistische Szenen.

2543

Telegr.-Code: *Foliole.*

Der galante Gardist.

Länge 175 m. Preis Mk. 175.—

(Preiserhöhung für Virage Mk. 15.—).

Beim Trinken und Spielen bewundern Französische Gardisten eine anmutige, junge Zigeunerin, die für sie tanzt.

Der eine der Soldaten erhebt sich und flüstert dem jungen Mädchen etwas ins Ohr, worauf letztere ihn lächelnd ansieht, und beide junge Leute entfernen sich von den anderen Arm in Arm.

Zwei Strolche haben den Vorgang beobachtet; sie schleichen hinter dem Paare her und überfallen den Soldaten. Dieser wehrt sich jedoch und tötet einen seiner Angreifer. Der andere Strolch eilt zur Patrouille und klagt den Soldaten an, seinen Freund ermordet zu haben.

Der Gardist wird vor ein Kriegsgericht gestellt und zum Tode verurteilt. Die Zigeunerin sieht wie ihr Freund abgeführt wird; sie verschafft sich gewaltsamen Zutritt zum Gericht und erklärt dem Richter das Drama, das sich ihretwegen abgespielt hat. Der Richter verfügt nunmehr die Freilassung des Verurteilten, und die Zigeunerin kommt gerade noch rechtzeitig auf dem Platze an um die Exekution zu verhindern.

**Man verlange Buntdruckplakate 120×160
pro Stück 0,50 Mk.**

Die holprige Sprache der Verleihreklame bildet fast mimetisch die krude Dramaturgie des Films ab. Hier könnte man ohne Vorbehalte von der «Widerspiegelung» des einen Mediums durch das andere sprechen. Der reinigende Drang, das «primitive» Kino zu verbessern, wurde in jener Zeit, wie nicht anders zu erwarten, auch auf die Sprache ausgedehnt, welche diese Filme beschrieb. Daß mit diesem Purismus natürlich ein schöner Literaturbastard, ein genuines Produkt fast schon etablierter *low culture*, kaum entstanden wieder verschwinden würde, konnte den Sprachexorzisten gewiß nur recht sein.

Vorigen, aber ich habe immer noch leichter das Überflüssige getan, als das fast Notwendige. Dieses fast Notwendige habe ich nämlich immer leiden lassen, gestehe ich. Ich kann es gestehn, weil es natürlich ist.

Denn man ist so froh, daß man das ganz Notwendige fertig gebracht hat (dieses muß selbstverständlich immer gleich geschehn, wie könnten wir uns sonst am Leben erhalten für den Kinematographen – vergessen Sie nicht an heute abend – für Turnen und Tuschen, für allein Wohnen, für gute Äpfel, für Schlafen, wenn man schon ausgeschlafen ist, für Betrunkensein, für einiges Vergangene, für ein heißes Bad im Winter, wenn es schon dunkel ist und für wer weiß was noch) man ist dann so froh, meine ich, daß man, weil man eben so froh ist, das fast Überflüssige eben macht, aber gerade das fast Notwendige ausläßt.

Ich führe das nur deshalb an, weil ich nach dem Abend in Ihrer Wohnung wußte, daß es für mich fast notwendig sei, Ihnen zu schreiben. Ich versäumte dies endgiltig, denn nach der letzten Kinematographenvorstellung – Sie müssen das auseinanderhalten – war jener Brief noch immer fast notwendig, doch war diese beiläufige Notwendigkeit schon etwas vergangen, aber natürlich nach einer andern, förmlich wertloseren Richtung, als es jene ist, in der das Überflüssige liegt.

Als Sie mir letzthin sagten, ich solle Ihnen schreiben, um meine Schrift zu zeigen, gaben Sie mir gleich alle Voraussetzungen des Notwendigen und damit des Überflüssigen in die Hand.

Und doch wäre jener fast notwendige Brief nicht schlecht gewesen. Sie müssen bedenken, daß das Notwendige immer, das Überflüssige meistens geschieht, das fast Notwendige wenigstens bei mir nur selten, wodurch es, allen Zusammenhanges beraubt, leicht kläglich will sagen unterhaltend werden kann.

Es ist also schade um jenen Brief, denn es ist schade um Ihr Lachen über jenen Brief, womit ich aber – Sie glauben mir bestimmt – gar nichts gegen Ihr übriges Lachen sagen will, auch nicht z. B. gegen jenes, das Ihnen heute abend der «galante Gardist» bereiten wird oder gar der «durstige Gendarm».

Ihr Franz K. (EF II, 50 f.)

Der Versteller

> Das auge geniesst körperlich wie das ohr und das schreiben das dann sache des räsonnierenden geistes ist scheidet sich von der arbeit der nerven.
>
> Rudolf Borchardt, 1898

Zu den seit 1896 weit verbreiteten ambulanten Kinovorführungen in Prag und Böhmen gesellte sich 1907 das erste ständige Kino im Haus «Zum Blauen Hecht» («U modré štiky») in der Karlsgasse 180. Es wurde geleitet von Viktor Ponrepo, der zusammen mit seinem Bruder mit phantasievollen Postkarten für seine Vorstellungen warb. Versprochen wurden den Besuchern «Bilder aus dem Leben und der Welt des Traums», die zu nichts weniger angetan seien, als «alle Bedürfnisse des Zuschauers zu befriedigen». Den Pragern blieb dieses kleine Kino vor allem dadurch in Erinnerung, daß die beiden Ponrepo zwischen den Filmen Zauberkünste darboten und während der Filme als routinierte «Erklärer» oder «Rezitatoren» auftraten. Sie waren Schauspieler des Schauspiels, das auf der Leinwand zu sehen war. Sie waren, wie es im Jiddischen heißt, «Versteller».

Der Filmjournalist Ulrich Rauscher hat 1912 in Berlin den Auftritt eines solchen «Erklärers» festgehalten: «Da war ein Kintop, ganz beim Alexanderplatz. Ein langer Riemen, gesteckt voll, schaudervolle Luft, ein atemloses Publikum. Arbeiter, Straßendirnen, Zuhälter, über allem klang die schmalzige, gefühlvolle, in jedem Wort verlogene Begleitrede des Erklärers. Der Film war eigentlich fürchterlich langweilig, die banale Geschichte eines ‹Mädchens aus dem Volk›, genannt die Frau ohne Herz, die mit einem vornehmen jungen Mann verlobt ist, in ihrer Verderbtheit entlarvt wird, zu dem Geliebten ihrer Jugend, einem Arbeiter zurückflieht, und von diesem verachtet und verstoßen wird. Langweilig, nicht? Aber was wurde daraus! Der Erklärer dampfte vor reinem sittlichen Empfinden, er brachte die Worte vom Abschaum der Großstadt wie eine große Delikatesse langsam und geschmalzt über die Lippen, er erläuterte das Seelenleben dieser Personen, er nahm selbst mich, oder meine Gedankentätigkeit, ganz gefangen und plötzlich sah man: das Weib ohne Herz, ein Opfer der Hochgestellten, der arme

Arbeiter, den sie für gut genug halten, ihre Geliebten aus dem Schmutz der Gosse zu holen, der arme Arbeiter, ein Hort der stolzen Ehrbarkeit, der dies Weib den Menschenmördern dort oben zurückschleudert: die soziale Tragödie jedes Zuschauers, nur daß die anwesenden Damen meistens nicht den Umweg über die Kommerzienratsbraut gemacht hatten, sondern gleich in der Gosse geblieben sind... Aber dieses Publikum will eben ehrbare Arbeiter und moralische Handlungen, nur müssen sie auf dem Hintergrund frecher Ausbeuter stehen. Der Erklärer schluchzte, das Publikum ballte die Fäuste, eine ganz, ganz andere Tragödie, als der Filmfabrikant gesehen hatte, raste vorüber... Aus dem Kintop werden die Revolutionen der Zukunft kommen. Jeder schmierige, ausrangierte Komödiant, der diesen einträglichen Mischmasch aus Roheit und Ehrbarkeitsprotzerei vortremoliert, ist Robespierre.»

Max Brod erwähnt, daß er mit seinem Freund häufig das «Orient» und andere Etablissements besucht habe. Allerdings ist sein Interesse am Kino deutlich von dem Kafkas unterschieden. Brod phantasiert das im Kino Gesehene weiter, er verwandelt sich vom begeisterten Zuschauer in einen ausschweifenden (Drehbuch-)Autor, er begreift das Kino als eine Erweiterung der bloß kolportierenden Literatur. Für Kafka hingegen ist es fast dämonische Technik, die an das erworbene Sehen, die Seh- und die Schreibkraft des Autors sehr hohe, qualvolle Anforderungen stellt. Es ist daher nicht verwunderlich, daß Kafka auffällig in dem von Kurt Pinthus 1913/14 herausgegebenen «Kinobuch» fehlt.

Das mechanisch Bewegte und Exaltierte, wie es in der gleichzeitig mit dem Kino in die Welt tretenden Aviatik, der «locomotion aérienne», hervortritt, läßt sich wohl noch beschreiben, doch droht die Schrift gegenüber den maschinell abrollenden, tranceauslösenden Bildern ins Hintertreffen zu geraten; deshalb auch, immer wieder, das fast verzweifelte *Festhalten!*, als wäre der Zuschauer überfallen und beraubt worden und rufe hilfesuchend nach der arretierenden Schrift.

Im Herbst 1909 besuchen Kafka und die Brüder Max und Otto Brod anläßlich eines Urlaubs in Oberitalien ein Flugmeeting in Brescia, welches Kafka zu dem literarisch wie technisch höchst inspirierten Bericht *Die Aeroplane in Brescia* veranlaßt, der am 29. September in der Prager Tageszeitung «Bohemia» erscheint. Mit feinem Gespür für das geschwinde Spiel der mechanischen Himmelserscheinungen ringsumher schildert Kafka die enorme Wirkung auf die Masse der fünfzigtausend Zuschauer: *Der Signalmast zeigt*

Prag war nach Paris ‹genordet›. Mit der zwischen Frankreich und Deutschland, vor allem Paris und Berlin oszillierenden Kompaßnadel wollte man die Drift ausfindig machen, in der man «absolut modern» sein oder werden konnte. Unter den zahlreichen Neugründungen bis zum Jahr 1914 ist das «Bio Lucerna» hervorzuheben, das, in einer Passage zwischen Wenzelsplatz und Wassergasse gelegen und in Verbindung mit einem Cabaret und einem Café das eleganteste war. Es ist bis heute in Betrieb.

gleichzeitig an, daß der Wind günstiger geworden ist und Curtiss um den großen Preis von Brescia fliegen wird. Also doch? Kaum verständigt man sich darüber, schon rauscht der Motor des Curtiss, kaum sieht man hin, schon fliegt er von uns weg, fliegt über die Ebene, die sich vor ihm vergrößert, zu den Wäldern in der Ferne, die jetzt erst aufzusteigen scheinen. Lange geht sein Flug über jene Wälder, er verschwindet, wir sehen die Wälder an, nicht ihn. Hinter Häusern, Gott weiß wo, kommt er in gleicher Höhe wie früher hervor, jagt gegen uns zu; steigt er, dann sieht man die unteren Flächen des Biplans dunkel sich neigen, sinkt er, dann glänzen die oberen Flächen in der Sonne. Er kommt um den Signalmast herum und wendet, gleichgültig gegen den Lärm der Begrüßung, geradeaus dorthin, von wo er gekommen ist, um nur schnell wieder klein und einsam zu werden. (EF I 24 f.)

Was im Fall des Flugmeetings noch gelingt – die Teilhabe an einem großen mechanischen Spektakel als eine Vision unter Einbeziehung der Zuschauer zu beschreiben –, zerfällt beim Kinogehen zu inkohärenten Augenblicksaufnahmen. Wie es scheint, versagt die versatile Schrift, die «Geschwindschrift» vor der Kinematographie. Die Aviatik ist bei aller technischen Kühnheit eine pleinair-«Kunst», und ihre Beschreibung lebt von der unmittelbaren Anschauung und der inspirierten Übersetzung der technischen Himmelserscheinung. Die Kinematographie hingegen ist ein Kind des Noktambulismus.

Pariser Plakatsäule, 1910

Les correspondances douloureuses oder Der Pflastertreter

> flâner – flanieren. Ohne Ziel spazierengehen, nach Lust und Laune, seine Zeit nutzlos vertun. ETYM. Unbekannter Herkunft. Gleichwohl wurde das isländische flanni – freigeistig – vorgeschlagen. Das Normannische kennt flanier – geizig.
>
> Littré, 1875

> Du liest die Prospekte Kataloge Plakate die lauthals singen
> Das ist die Poesie von heut morgen und für die Prosa sind die Zeitungen da.
>
> Guillaume Apollinaire, Zone

Im Verlauf einer insgesamt beschwerlichen Paris-Reise im Oktober 1910 erlebt Kafka die schon lange aus der Ferne bewunderte Metropole als ein groteskes, angsteinflößendes Theater der Zusammenhanglosigkeit, als eine im doppelten Sinn *verkehrte* Welt. Paris zerfällt in lauter Nicht-Orte, Verkehrsknotenpunkte, Metro-Stationen, reine, von der maschinellen Beschleunigung hervorgebrachte Intensitäten. Kafka, von der «neuesten Technik» immer rasch affiziert, nimmt die ungewohnten Turbulenzen körperlich wahr. Wegen einer plötzlich auftretenden Furunkulose muß er die Reise vorzeitig abbrechen. Max und Otto Brod, seine beiden Reisebegleiter, bleiben in Paris zurück. Überliefert sind uns neben den dichten, stichwortartigen Notizen Max Brods, der bereits im Jahr zuvor in der in allem «vorbildlichen» Stadt gewesen war, ein paar Bleistiftnotizen Kafkas; verglichen mit seinen im allgemeinen sehr intensiven Beobachtungen ein eher dürftiges Protokoll. Ein kleiner Text, ein Vierzeiler ragt aus den Notaten auffällig hervor. Das Gedicht ist auf französisch geschrieben, und es läßt sich nicht entscheiden, ob Kafka es selbst verfaßt oder nur abgeschrieben hat. Der lapidare Ton hält mehrere Optionen bereit:

moi je flâne
qu'on m'approuve ou me condamne
je vois tout
je suis partout

Wenn man sich einmal von der Vorstellung löst, hier spräche ein empfindsames, beseeltes Ich, eine irgendwie geartete psychische Instanz, sondern vielmehr ein mechanisches Gerät, wie beispielsweise ein Photoapparat oder eine Filmkamera *(ich sehe alles/bin überall)*, dann erscheint der wie beiläufig notierte Vierzeiler in einem anderen Licht. Er appelliert nicht mehr an ein partikulares, individuelles Sehvermögen oder an eine ästhetische Präferenz, sondern an anonyme «Sehenswürdigkeiten».* Der beschleunigte Durchlauf, «le commerce des choses», droht dem Touristen zur Tortur zu werden, wenn er sich derart ungehemmt der Metropole aussetzt. Die Furunkulose wird von Kafka unmittelbar auf den schier körperlichen Schmerz bezogen, von Paris überrollt worden zu sein. Diese Stadt geht ihm unter die Haut – er ist ihr ausgeliefert wie der Gefangene der *Strafkolonie* dem Schreibfoltergerät, das sich in den Körper einschreibt. Graphischer Aus- und Abdruck dieser Tortur sind die drei zu einem Brief collagierten Ansichtskarten, die er beidseitig und randvoll beschrieben aus Prag den in Paris verbliebenen Reisegefährten zukommen läßt:

Lieber Max – Ich bin gut angekommen und nur weil ich von allen als eine unwahrscheinliche Erscheinung angesehen werde bin ich sehr blaß. – Um die Freude den Doktor anzuschrein bin ich durch eine kleine Ohnmacht gebracht worden, die mich bei ihm auf das Kanapee nötigte und während welcher ich – merkwürdig war das – so sehr als Mädchen fühlte, daß ich mich meinen Mädchenrock mit den Fingern in Ordnung zu bringen bemühte. Im übrigen erklärte der Doktor über meinen rückwärtigen Anblick entsetzt zu sein, die 5 neuen Abscesse sind nicht mehr so wichtig, da sich ein Hautaus-

* Für Franz Hessels Flaneur bleibt Berlin ein zwar beschwerlicher, aber noch lesbarer Text: «Flanieren ist eine Lektüre der Stadt, wobei Menschengesichter, Auslagen, Schaufenster, Café-Terrasse, Bahnen, Autos, Bäume zu lauter gleichberechtigten Buchstaben werden, die zusammen Worte, Sätze und Seiten eines neuen Buches ergeben.» Kafkas Alptraum seiner noktambulen Streifzüge durch Paris mutet dagegen wie ein schmerzvoll auf die eigene Haut appliziertes und kaum mehr entzifferbares Palimpsest an.

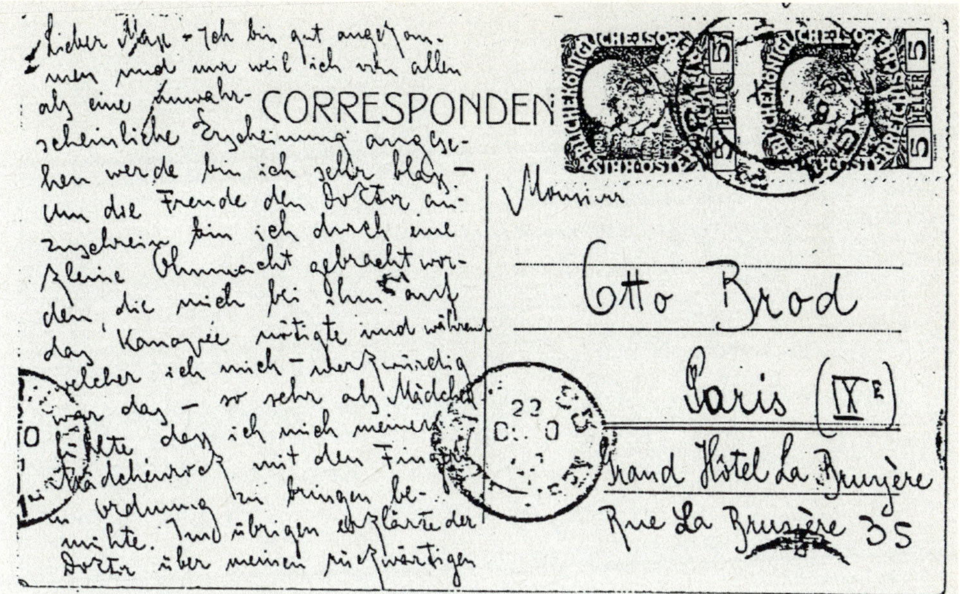
Lieber Max – Ich bin gut angekommen und nur weil ich von allen als eine unwahrscheinliche Erscheinung angesehen werde bin ich selbst blaß. Um die Freude des Doktors anzuschreien bin ich durch eine kleine Ohnmacht gebracht worden, die mich bei ihm auf das Kanapee nötigte und während welcher ich mich – wie widerwärtig war das – so sehr als Mädchen fühlte, daß ich mich meinen Mädchenrock mit den Fingern in Ordnung zu bringen bemühte. Im übrigen erklärte der Doktor über meinen rückwärtigen

CORRESPONDEN

Monsieur
Otto Brod
Paris (IXe)
Grand Hôtel La Bruyère
Rue La Bruyère 35

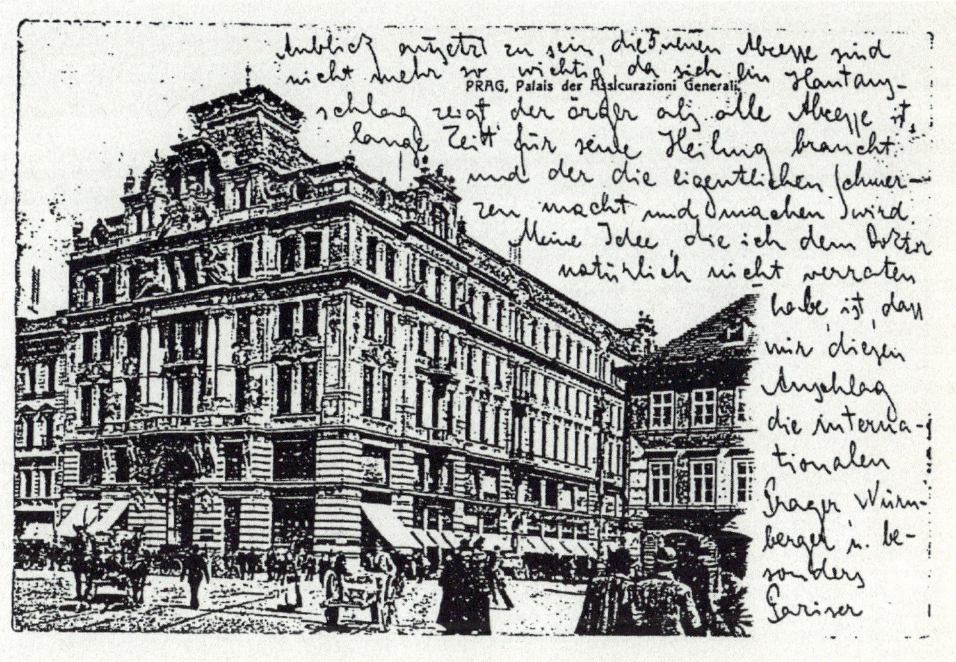

PRAG, Palais der Assicurazioni Generali.

Anblick entsetzt zu sein, die 5 neuen Abcesse sind nicht mehr so wichtig, da sich ein Hautausschlag zeigt der ärger als alle Abcesse ist, lange Zeit für seine Heilung braucht und der die eigentlichen Schmerzen macht und machen wird. Meine Idee, die ich dem Doktor natürlich nicht verraten habe ist, daß mir diesen Ausschlag die internationalen Prager Würmberger u. besonders Pariser

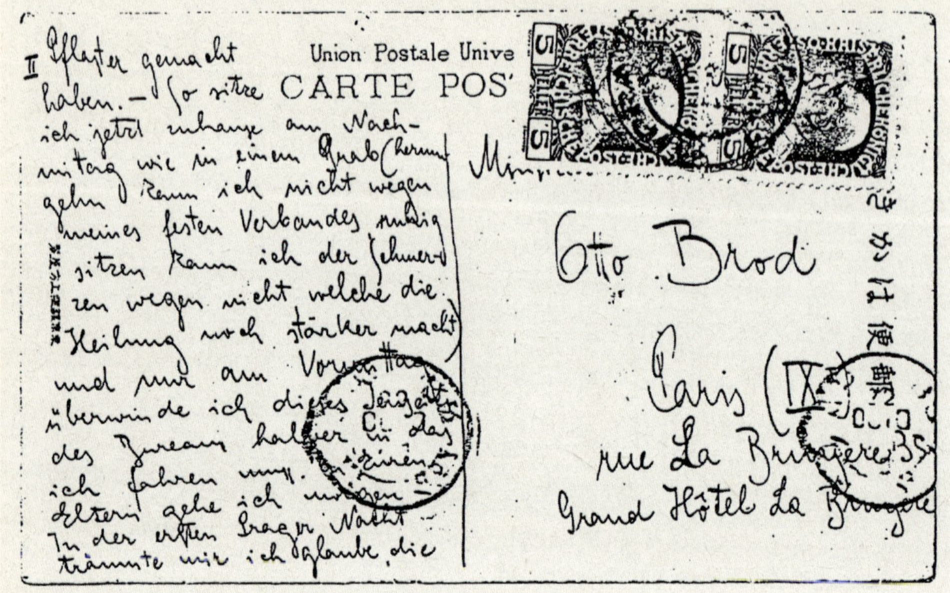
Union Postale Unive

CARTE POS'

II Pflaster gemacht haben. – So sitze ich jetzt anhange am Nachmittag wie in einem Grab (herum gehn kann ich nicht wegen meines festen Verbandes, ruhig sitzen kann ich der Schmerzen wegen nicht welche die Heilung noch stärker macht) und nur am Vormittag überwinde ich dieses Jenseits des Bureaus halber in das ich fahren muss. Zu den Eltern gehe ich morgen. In der ersten Prager Nacht träumte mir ich glaube die

Herrn Otto Brod
Paris (IX)
rue La Bruyère 35
Grand Hôtel La Bruyère

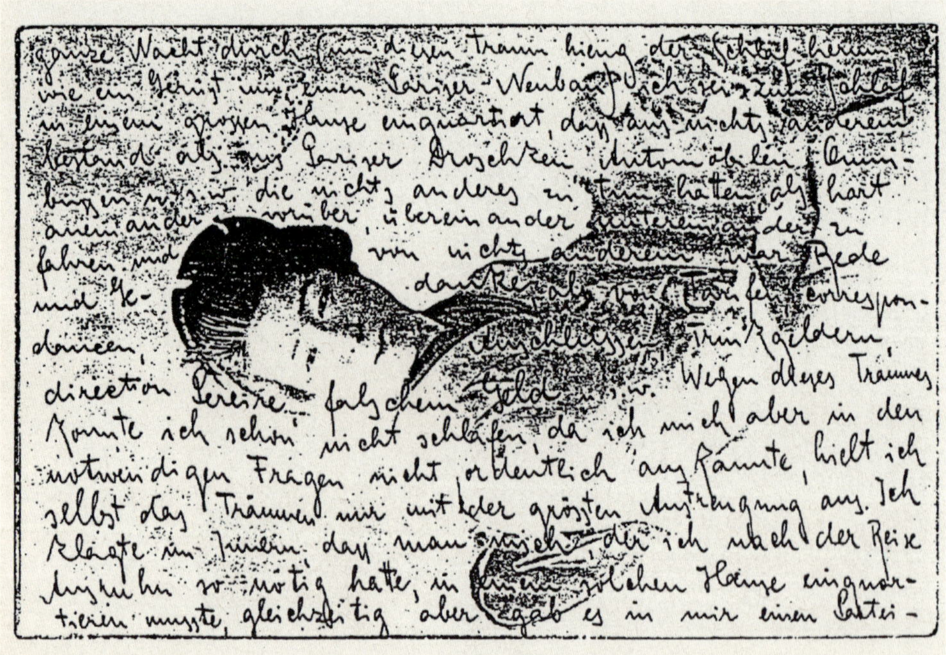

ganze Nacht durch (um diesen Traum hieng der Schlaf herum wie ein Gerüst um einen Pariser Neubau) ich sei zum Schlaf in einem grossen Hause einquartiert, das aus nichts anderem bestand als aus Pariser Droschken Automobilen Omnibussen usw die nichts anderes zu tun hatten als hart aneinander vorüber, übereinander untereinander zu fahren und von nichts anderem war Rede und Gedanke als von Tarifen Correspondancen, Anschlüssen, Trinkgeldern, direction Pereire, falschem Geld u.s.w. Wegen dieses Traumes konnte ich schon nicht schlafen, da ich mich aber in den notwendigen Fragen nicht ordentlich auskannte, hielt ich selbst das Träumen nur mit der grössten Anstrengung aus. Ich klagte im Innern dass man mich, der ich nach der Reise Ausruhn so nötig hatte, in einem solchen Hause einquartieren musste, gleichzeitig aber gab es in mir einen Partei-

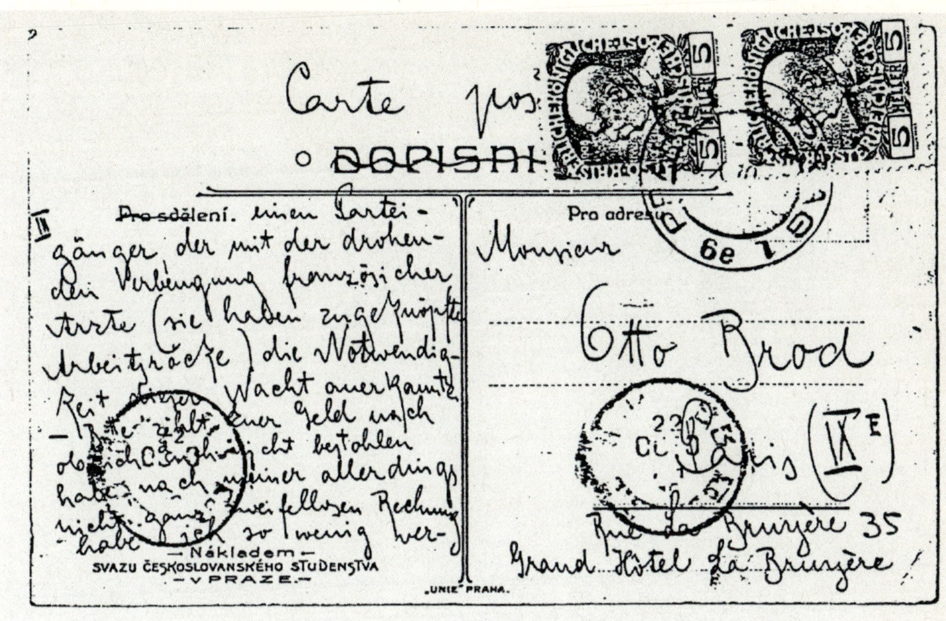

Carte postale

DOPISNICE

Pro sdělení. einen Parteigänger der mit der drohenden Verbeugung französischer Ärzte (sie haben zugeknöpfte Arbeitsröcke) die Notwendigkeit dieser Nacht anerkannte. – Ihr erzählt, euer Geld nach ob ich Euch nicht bestohlen habe nach meiner allerdings nicht ganz zweifellosen Rechnung habe ich so wenig ver-

— Nákladem —
SVAZU ČESKOSLOVANSKÉHO STUDENSTVA
— V PRAZE —

„UNIE" PRAHA.

Pro adresu

Monsieur
Otto Brod
Paris (IXe)
Rue La Bruyère 35
Grand Hôtel La Bruyère!

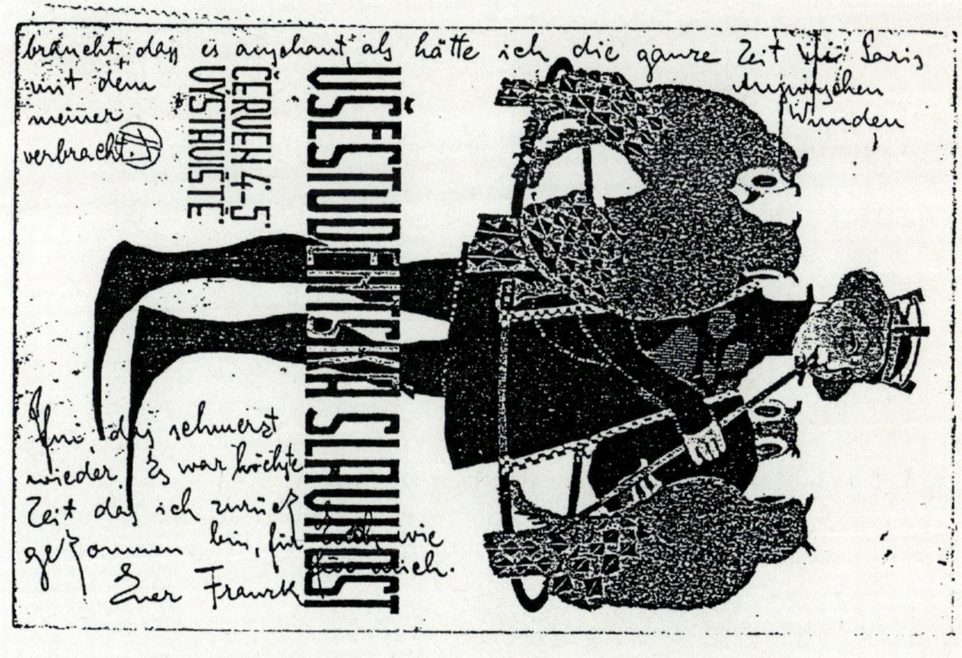

braucht, daß es aussieht als hätte ich die ganze Zeit in Paris mit dem [illegible] Wunden meiner verbracht.

Ihr, daß schmerzt wieder. Es war höchste Zeit daß ich zurückgekommen bin, für Euch wie für mich.

Euer Franz

VŠESTUDENTSKÁ SLAVNOST
ČERVEN 4.–5.
VÝSTAVIŠTĚ

schlag zeigt, der ärger als alle Abscesse ist, lange Zeit für seine Heilung braucht und der die eigentlichen Schmerzen macht und machen wird. Meine Idee, die ich dem Doktor natürlich nicht verraten habe, ist, daß mir diesen Ausschlag die internationalen Prager, Nürnberger u. besonders Pariser Pflaster gemacht haben. – So sitze ich jetzt zuhause am Nachmittag wie in einem Grab (herumgehn kann ich nicht wegen meines festen Verbandes, ruhig sitzen kann ich der Schmerzen wegen nicht, welche die Heilung noch stärker macht) und nur am Vormittag überwinde ich dieses Jenseits des Bureaus halber, in das ich fahren muß. Zu Euren Eltern gehe ich morgen. – In der ersten Prager Nacht träumte mir ich glaube, die ganze Nacht durch, (um diesen Traum hieng der Schlaf herum, wie ein Gerüst um einen Pariser Neubau) ich sei zum Schlaf in einem großen Hause einquartiert, das aus nichts anderem bestand als aus Pariser Droschken, Automobilen, Omnibussen u.s.w. die nichts anderes zu tun hatten, als hart aneinander vorüber, übereinander, untereinander zu fahren und von nichts anderem war Rede und Gedanke, als von Tarifen, correspondancen, Anschlüssen, Trinkgeldern, direction Pereire, falschem Geld u.s.w. Wegen dieses Traumes konnte ich schon nicht schlafen, da ich mich aber in den notwendigen Fragen nicht ordentlich auskannte, hielt ich selbst das Träumen nur mit der größten Anstrengung aus. Ich klagte im Innern, daß man mich, der ich nach der Reise Ausruhn so nötig hatte, in einem solchen Hause einquartieren mußte, gleichzeitig aber gab es in mir einen Parteigänger, der mit der drohenden Verbeugung französischer Ärzte (sie haben zugeknöpfte Arbeitsröcke) die Notwendigkeit dieser Nacht anerkannte. – Bitte zählt Euer Geld nach ob ich Euch nicht bestohlen habe, nach meiner allerdings nicht ganz zweifellosen Rechnung habe ich so wenig verbraucht, daß es ausschaut, als hätte ich die ganze Zeit in Paris mit dem Auswaschen meiner Wunden verbracht. Pfui, das schmerzt wieder. Es war höchste Zeit, daß ich zurückgekommen bin, für Euch wie für mich.

Euer Franz K. (EF II, 80 f.)

Paris hat sich seinem Körper aufgeprägt. Er trägt die Pflaster wie ein Gemarterter nach Prag zurück, und er «zeigt», in kalligraphischer Übersetzung, den in Paris verbliebenen Freunden «seine Wunden» als den lebendigen Ein- und Abdruck dessen, was Paris auf ihm hinterlassen hat, gewissermaßen seine Lektüre der Stadt. Diese Wunden und die applizierten Pflaster sind sein Ertrag, seine durchaus materiellen Reiseeindrücke.

Paris wird von Kafka im Stil des *cross-reading* erfaßt, ähnlich wie Georg Christoph Lichtenberg es für London praktiziert hat.* Und wie Lichtenberg

* Am 10. Januar 1775 schreibt Lichtenberg aus London an Baldinger in Göttingen: «...will ich Ihnen ein flüchtiges Gemälde von einem Abend in London auf der Straße machen, das

liefert Kafka im «Rückspiegel» der drei Ansichtskarten – welch wundersam-ironische Verdrehung des Verkehrs, aus der Heimat Ansichtskarten an die Paris-Touristen zu schicken! – ein im Traum gesehenes «flüchtiges Gemälde» der Metropole, das den Eindruck grotesker Zusammenhanglosigkeit noch verstärkt.

Kafkas flanierendes, augengesteuertes, ironisch überhöhtes und geschmähtes Ich löst sich schreibend aus der von Bandagen und Pflaster erzeugten Erstarrung. Paris wird für ihn in der Rückerinnerung zu dem *Zug*, der *vorbeifährt* – und über ihn hinwegrollt. Aber es ist der *Zug* der Schrift, der ihn aus dem Stupor erlöst. Das *cross-reading* ist die seinem neugierigen Sehen, seinen Stil- und Sehübungen gemäße Form. Zwischen Wachtraum und Alptraum taumelnd, verschwinden die sorgsam gepflegten Differenzen zwischen dem Erhabenen (der Bildungsreise) und dem Trivialen (der touristischen Plaisirs) wie von selbst. Die Wort-Pflaster-Karten sind spielerisch hergestellte, die eigene Pein mimetisch überspielende, kunstlos-artistische Collagen aus Bild und Schrift, emphatisch betriebene Sendungen zurück nach Paris: ins Paradies, aus dem er allzu rasch vertrieben wurde.

---

ich mündlich nicht bloß ausmalen, sondern auch noch mit einigen Gruppen vermehren will, die man nicht gern mit so dauerhafter Farbe als Dinte malt... Dem ungewöhnten Auge scheint dieses alles ein Zauber; desto mehr Vorsicht ist nötig, alles gehörig zu betrachten; denn kaum stehen Sie still, Bums! läuft ein Packträger wider Sie an und ruft by Your leave wenn Sie schon auf der Erde liegen. In der Mitte der Straße rollt Chaise hinter Chaise, Wagen hinter Wagen und Karrn hinter Karrn. Durch dieses Getöse, und das Sumsen und Geräusch von Tausenden von Zungen und Füßen, hören Sie das Geläute von Kirchtürmen, die Glocken der Postbedienten, die Orgeln, Geigen, Leiern und Tambourinen englischer Savoyarden und das Heulen derer, die an den Ecken der Gasse unter freiem Himmel Kaltes und Warmes feil haben... Zwischendurch hören Sie vielleicht einmal ein Geschrei von Hunderten auf einmal, als wenn ein Feuer auskäme oder ein Haus einfiele... Wo es breiter wird, da läuft alles, niemand sieht aus, als wenn er spazieren ginge oder observierte, sondern alles scheint zu einem Sterbenden gerufen. Das ist Cheapside und Fleetstreet an einem Dezemberabend.» (Schriften und Briefe, Bd. IV, hg. v. Wolfgang Promies, München 1967, S. 210ff.)

Merkwürdige Gleichzeitigkeit der Darstellungen und Wahrnehmungen: 1907 kleckst Winsor McCay in seinem Cartoon «Dream of the Rarebit Fiend» («Traum vom Falschen-Hasen-Jäger») eine Figur mit Tintenabscessen Bild für Bild immer mehr zu, um sie im letzten Bild aus dem Alptraum zu erlösen und fleckenlos aufwachen zu lassen.

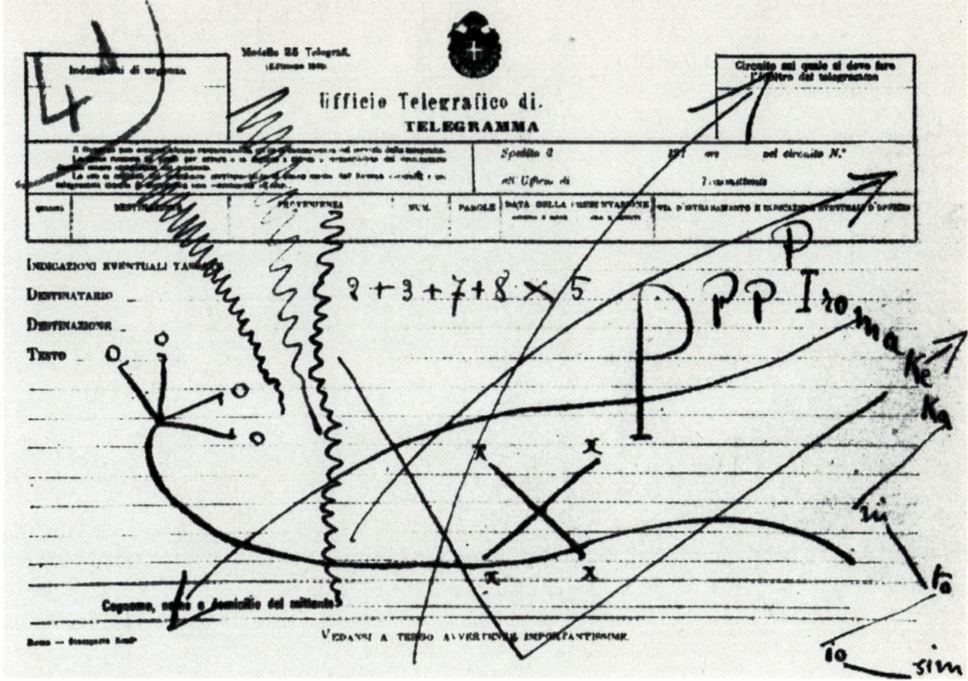

Marinetti, Telegramma 69 (1914/15)

1908 stellt Jean Metzinger die ersten «kubistischen» Bilder bei dem Galeristen Uhde in Paris aus. Brod hat diese Bilder vermutlich dort gesehen. Der Kritiker Roger Allard begreift und propagiert im Oktober 1910, noch vor Apollinaire, das Wesen dieser neuen Kunst. Seine Charakterisierung läßt Kafkas Postkartenserie als einen kubistischen Paralleltext erscheinen. Unsichtbare Korrespondenzen über sichtbaren Correspondances: «In Wirklichkeit», schreibt Allard, «strebt ein Gemälde von Metzinger danach, die ganze plastische Vielfalt eines Aspekts zusammenzufassen und sonst nichts. So wird im Gegensatz zum Impressionismus eine Kunst geboren, die sich nichts daraus macht, gelegentlich triviale Einzelheiten zu kopieren, die aber dem Verstand des Betrachters die wesentlichen Elemente bietet, in all ihrer malerischen Fülle einer im Zeitverlauf verankerten Synthese.» Diese «Synthese» erfährt ein halbes Jahr später, im April 1911, durch Apollinaire die entscheidende, technische Zuspitzung: «Die kinematographische Kunst hat in mancher Weise zum Ziel, uns die bildnerische Wahrheit in allen ihren Aspekten zu zeigen, und zwar ohne sie zugunsten der Perspektive fallenzulassen.» Noch einen Schritt weiter geht im selben Jahr Marcel Duchamp mit seinem Tafelbild im Geiste von Muybridge: «Jeune homme triste dans un train.» Kafka will seine Reiseeindrücke nicht mehr in ein festes Genre oder eine lehrreiche Perspektive rücken. Das Credo seines cross-readings – *je vois tout / je suis partout* – wird er allerdings erst während der zweiten Paris-Reise 1911 vollends einlösen können.

Der große Eisenbahnerstreik von 1910

Am 13. Oktober, also vier Tage nach ihrer Ankunft, notiert Brod in sein Tagebuch: «Kein elektrisches Licht – Streik – Gare du Nord» und registriert damit lapidar einen der härtesten Eisenbahnerstreiks der französischen Geschichte. Am Montag, dem 10. Oktober 1910, hatten die cheminots für einen Streik votiert, der Paris vom Rest Frankreichs vollständig isolieren und die Regierung zum Einlenken zwingen sollte; am Tag darauf dekretierte die Regierung Briand die Ersetzung der Streikenden durch militärisches Personal. Der Zugverkehr konnte zwar teilweise aufrechterhalten werden, immer wieder aber kam es zu Sabotageanschlägen gegen Einrichtungen des Innenministeriums. Am Sonntag, dem 17. Oktober, votierten die inzwischen entmutigten Eisenbahner – es war weder gelungen, den Streik zum Generalstreik auszudehnen noch für den Eisenbahnerstreik selbst in der Bevölkerung hinreichend Unterstützung zu finden – zwar für die Verlängerung und Ausweitung des Streiks, doch bricht mit Wochenbeginn die Streikfront endgültig zusammen.

Hier sind es die Züge, die erstarren. Der schlanke Herr mit dem Bowler-Hut (neben der «Dubonnet»-Reklame) erinnert verblüffend an den Reisebegleiter der Brüder Brod. «Kafka zur Bahn» notiert Brod für diesen Tag. (EF I 38)

DUBONNE

Die Namen des Kaisers

Ich sage, daß die Malerei mir um so mehr gilt, je näher sie dem Relief kommt, und das Relief um so weniger, je mehr es der Malerei ähnelt; und so meine ich immer, die Malerei sei der Abglanz der Plastik, und der Unterschied zwischen beiden wie Mond und Sonne.

Michelangelo Buonarroti, 1547

Man jagte sich hin und her, und er jagte das Mädchen bis hinein in die Passage des Großen Bazars, wo das Panorama «Gäa» war. Jetzt war es selbstverständlich geschlossen, aber an der Tür sah man die Aufschriften der nächsten Wochenprogramme: «Elefantenjagd in Afrika», «Leben in einer holländischen Windmühle».

Johannes Urzidil, Die verlorene Geliebte

Während einer ausgedehnten Dienstreise Ende Januar, Anfang Februar 1911 in die prosperierenden nordböhmischen Industriestädte Friedland und Reichenberg findet Kafka, auf der Suche nach Zerstreuung, eine Einrichtung wieder, die er als Kind und Jugendlicher aus Prag kannte. Kafka hält fest: *Kaiserpanorama. Einzige Vergnügung in Friedland. Habe keine rechte Bequemlichkeit darin, weil ich mich einer solchen schönen Einrichtung wie ich sie dort antraf, nicht versehen hatte, mit schneebehängten Stiefeln eingetreten war und nun vor den Gläsern sitzend nur mit den Fußspitzen den Teppich berührte. Ich hatte die Einrichtung der Panoramas vergessen und fürchtete einen Augenblick lang von einem Sessel zum andern gehn zu müssen. Ein alter Mann bei einem beleuchteten Tischchen, der einen Band illustrierte Welt liest, führt das ganze. Läßt nach einer Weile für mich ein Ariston spielen. Später kommen noch 2 alte Damen, setzen sich rechts von mir, dann noch eine links. Brescia, Kremona, Verona. Menschen drin wie Wachspuppen an den Sohlen im Boden im Pflaster befestigt. Grabdenkmäler: eine Dame mit über eine niedrige Treppe schleifender Schleppe öffnet ein wenig eine Tür und schaut noch zurück dabei. Eine Familie, vorn liest ein Junge eine Hand an der Schläfe, ein Knabe rechts spannt einen unbesaiteten Bogen. Denkmal des Helden Tito Speri: verwahrlost und begeistert wehen ihm die Kleider um den Leib. Bluse, breiter Hut. Die Bilder lebendiger als im Kinematographen, weil sie dem Blick die Ruhe der Wirklichkeit lassen. Der Kinematograph gibt dem Angeschauten die Unruhe ihrer Bewegung, die Ruhe*

Kaiserpanorama

des Blickes scheint wichtiger. Glatter Boden der Kathedralen vor unserer Zunge. Warum gibt es keine Vereinigung von Kinema und Stereoskop in dieser Weise? Plakate mit Pilsen Wihrer aus Brescia bekannt. Die Entfernung zwischen bloßem Erzählenhören und Panorama sehn ist größer, als die Entfernung zwischen Letzterem und dem Sehn der Wirklichkeit. Alteisenmarkt in Kremona. Wollte am Schluß dem alten Herrn sagen, wie gut es mir gefallen hatte, wagte es nicht. Bekam das nächste Programm. Offen von 10 Uhr bis 10 Uhr. (R 15 f.)

Noch ehe Kafka sich ganz in die Apparatur versenkt, nimmt er einen Vorgang wahr, der das jetzt einsetzende Spiel der Mechanik auf sonderbare Weise präludiert: Ein alter Mann, der Wärter des Panoramas, liest in der «Illustrierten Welt». Diese Form des reinen Zeitvertreibs, des Lesens, Abschweifens und langsamen Blätterns hat er selbst einmal in einem Brief an seine Verlobte als einen *ungeheuren, widerspruchsvollen Genuß* geschildert. Die blätternde Hand dirigiert die Zerstreuung, sie schafft eine Bewegung, eine Welle, in die der Blick eintauchen und woraus er wieder auftauchen kann: «les mains

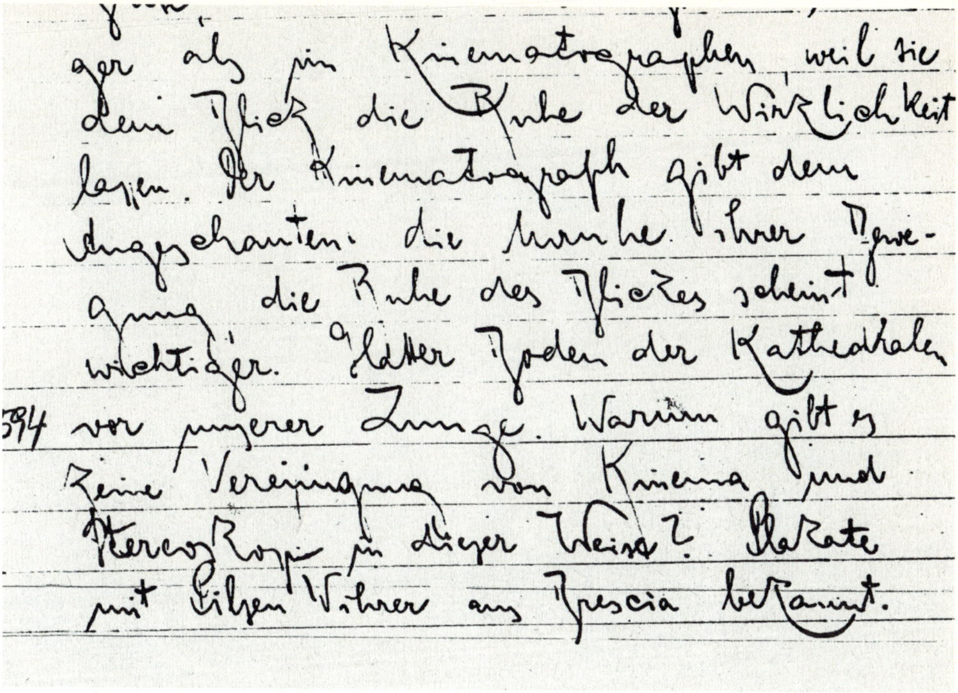

Faksimile, *Reisetagebuch*

feuillolent», sagt Apollinaire.* Der augengesteuerte Automatismus der Hand wird im *Kaiserpanorama* von einem maschinengesteuerten abgelöst, der Blick des Betrachters wird durch die stereoskopische Brille fixiert, der Betrachter selbst verharrt, wie Kafka sich rasch erinnert, an seinem Platz. Er schildert das mechanische Theater als eine Szene erstarrter Ruhe, in die er förmlich hineintritt. Der ganze Raum ist in die (mechanische) Musik des Aristons getaucht. Die gestochen scharfen, wunderlich verräumlichten Bilder bleiben vor dem Auge des Betrachters hinreichend lange stehen, um ihm Zeit zur Ausforschung des Bildraums zu gestatten. Doch sind diese Photographien, wie Kafka sogleich erkennt, vom «Kinema» weit entfernt, ja diesem entgegen-

* In diesem französischen Neologismus werden feuille (Blatt) und feuilleter (blättern) mit voletter (flattern) kontaminiert. (Vgl. Gilles Deleuze, Das Zeit-Bild. *Kino 2*. Übersetzt von Klaus Englert, Frankfurt a.M. 1991, S. 398, Anm. d. Ü.)

«Körner's Tod. Originalzeichnung nach authentischen Mittheilungen aufgenommen.» (Die Gartenlaube, 1863)
Ich habe jetzt, Liebste, nach langer Zeit wieder einmal eine schöne Stunde mit Lesen verbracht. Niemals würdest Du erraten, was ich gelesen habe und was mir solche Freude gemacht hat. Es war ein alter Jahrgang der Gartenlaube aus dem Jahre 1863. Ich habe nichts Bestimmtes gelesen, sondern 200 Seiten langsam durchgeblättert, die (damals noch wegen der kostspieligen Reproduktion seltenen) Bilder angeschaut und nur hie und da etwas besonders Interessantes gelesen. Immer wieder zieht es mich so in alte Zeiten, und der Genuß, menschliche Verhältnisse und Denkweisen in fertiger, aber noch ganz und gar verständlicher (mein Gott, 1863, es sind ja erst 50 Jahre her) Fassung zu erfahren, trotzdem aber nicht mehr imstande zu sein, sie von unten her gefühlsmäßig im Einzelnen zu erleben, also vor die Notwendigkeit gestellt sein, mit ihnen nach Belieben und Laune zu spielen, – dieser widerspruchsvolle Genuß ist für mich ungeheuer. Immer wieder lese ich gerne alte Zeitungen und Zeitschriften. Und dann dieses alte, einem ans Herz gehende, wartende Deutschland von der Mitte des vorigen Jahrhunderts! Die engen Zustände, die Nähe, in der sich jeder dem andern fühlt, der Herausgeber dem Abonnenten, der Schriftsteller dem Leser, der Leser den großen Dichtern der Zeit (Uhland, Jean Paul, Seume, Rückert «Deutschlands Barde und Brahmane»). Kafka an Felice Bauer in der Nacht vom 17. zum 18. Januar 1913.

Brescia, Grabmal einer Witwe. Stereophoto aus dem Kaiserpanorama

gesetzt. Es sind im Grunde theaterhaft nachgestellte Szenen, Bilder, die von außen nach innen gehen, von der «befestigten» Figur zu den Kulissen, während das Kinobild, André Bazin zufolge*, den umgekehrten, zentrifugalen Weg beschreitet. Kafkas eidetisches Gedächtnis** hilft ihm, die nur einige Sekunden verharrenden Bilder anschaulich und detailliert festzuhalten.

* André Bazin: «Baudelaire schreibt: ‹Das Theater ist ein Lüster.› Müßten wir diesem kunstvollen Kristallgegenstand, der vielfältig leuchtend und kreisförmig ist und der den von seinem Mittelpunkt ausgehenden Lichtschein bricht und uns in seiner Aureole gefangenhält, ein anderes Symbol entgegenstellen, so würden wir sagen, daß der Film die kleine Lampe der Logenschließerin ist, die unsere nächtlichen Wachträume wie ein Komet durchzieht: ein diffuser Raum, ohne Geometrie und ohne Grenzen, den die Leinwand umschließt.» Was ist das Kino?, Köln 1975, S. 95 f. Kafkas Reaktion auf eine «Hamlet»-Aufführung mit Bassermann (vgl. Kap. 8) hält genau diese Strahlung des Theaters fest.
** Hugo Bergmann, ein Schulfreund Kafkas, hat uns ein verblüffendes Beispiel dieser gelegentlich obsessiven Mnemotechnik überliefert: «Ich erinnere mich, wir gingen einmal am Schaufenster einer großen Buchhandlung vorbei (im ‹Minuta›-Haus neben dem Rathaus; der Buchhändler hieß Storch). Plötzlich sagte Franz zu mir: ‹Prüfe mich. Wir gehen an das Schaufenster, ich schließe die Augen, du sagst mir Buchtitel, und ich rate die Namen der Verfasser.› Und es gelang ihm.» In: Universitas, Jg. 27, 1972, S. 742.

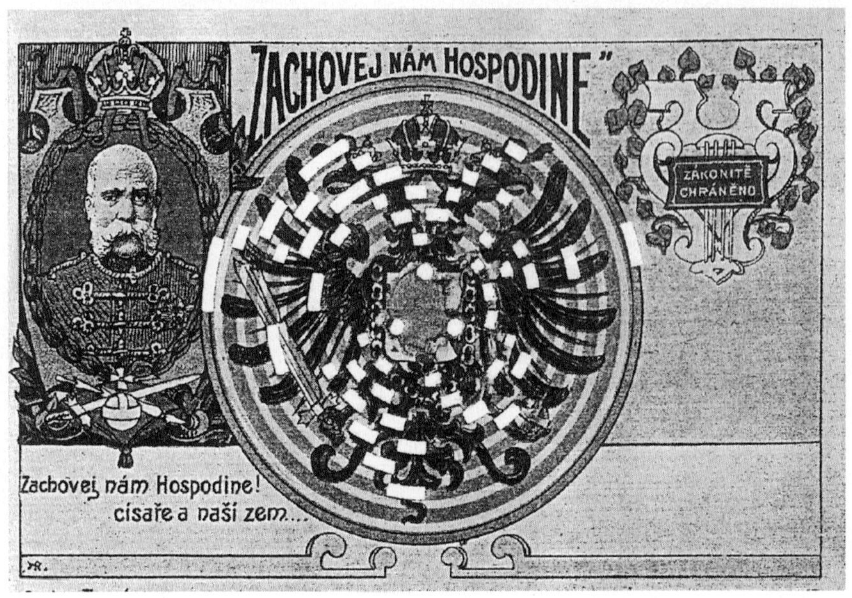

Die Namen des Kaisers (Ariston-Scheibe 1910)

Mitten in der Betrachtung und angeregt von der ruhigen Bewegung der Apparatur schweift Kafka von der unmittelbaren Bildbeschreibung ab und wird gewahr, wieviel angenehmer diese stereoskopischen Aufnahmen und wie verstörend die beweglichen Kinobilder für seine Sinne sind. Die gewünschte *Vereinigung von Kinema und Stereoskop* kann es nicht geben – es sei denn, der Film käme zum Stillstand und würde zum «lebendigen Tableau» erstarren. Das *motion picture*, das in sich bewegliche und bewegte Bild müßte in einer undenkbaren, unentscheidbaren Bewegung zwischen Innen und Außen verharren. Der verräumlichte Stillstand der Stereophotographie macht das Bild *lebendiger*, ganz im Gegensatz zur Automatik des Kinobildes, welches von der *Unruh* – auch im mechanischen Sinn des Uhrwerks – angetrieben wird und den Betrachter mit dieser Unruh(e) affiziert, ihn automatisiert. Die der dreidimensionalen Photographie zugedachte *Lebendigkeit* ist aber seit je ein entscheidendes Charakteristikum der *Plastik*, der Skulptur, welche darin alle anderen Künste übertrifft. Und Skulpturen und skulptural wahrgenommene Räume sind es vor allem, die er uns vom Besuch des Kaiserpanoramas überliefert.

Das (oder der) *Kinema* hingegen opponiert gegen *die Ruhe des Blickes* und erzeugt weniger eine lebendige als eine mechanische Wirklichkeit, eine automatisierte Unruhe. Von dem ruhenden Pol des Kaiserpanoramas aus, durch ein diaphanes Erinnerungsbild (Stereophotographie) an die lebendige Wirklichkeit der Plastik kann Kafka das Kino anders denken – und schreibend dagegen spekulieren. Wenn es einen archimedischen Punkt der Abstoßung von der Kinematographie gibt, dann hier, in Friedland, im Kaiserpanorama, im Tagebuch.

Im Binnenraum der von ihm geschauten Bilder, beim Anblick des *glatten Bodens der Kathedralen* speichert, ja inkorporiert Kafka ein *künftiges* déjà-vu: Er verschlingt – *vor unserer Zunge* – die Photographie wie eine Speise. Und wenn er zwei Jahre später die gotische Kirche S. Anastasia in Verona tatsächlich betreten und die Skulptur des weihbeckentragenden Zwerges – ein bucklicht', aber glücklich Männlein – als Inbild seiner eigenen Verzweiflung übersetzen wird, kann er dieses ehedem in ihn eingesenkte Bild wieder ans Licht heben. Die Zwergenskulptur war schon im Kaiserpanorama deutlich zu erkennen.

Kafka konstruiert ein auf den ersten Blick eigentümliches, triadisches Kräfteverhältnis zwischen dem *Erzählenhören*, dem *Panorama sehn* und dem *Sehn der Wirklichkeit*. Das *Kinema* aber ist aus diesem Bezug nicht verschwunden, sondern wird, als eine Schwundstufe des Realen, dem flüchtigen *Erzählenhören* gleichgesetzt. Hingegen hat das der Sphäre der *lebendigen* Skulptur nähergerückte *Panorama sehn* einen höheren Realitätsgehalt und ist insofern dem *Sehn der Wirklichkeit* verwandter. Doch werden mit diesem Korrelat weniger physiologische Prozesse veranschaulicht und gegeneinander abgesetzt als vielmehr Stufen der literarischen Wahrnehmung erprobt. Kafka ist Schriftsteller.

Wenn er dann das letzte Bild einrückt – *Alteisenmarkt in Kremona* –, wird deutlich, daß die gesamte *Beschreibung* des Kaiserpanoramas ein gewissermaßen mimetisches Abbild der Einrichtung selbst ist. Wie einen Leporello, wie ein gemaltes Panorama en miniature hat Kafka den Text nach Anschauung und Reflexion gefaltet und aufgeblättert. Die Zeit, die von Bild zu Bild verstreicht, ist mechanisch so gegliedert, daß der Betrachter genügend Raum hat abzuschweifen, um dann erneut in das nächste unbewegliche Bild einzutauchen. Das Metrum der Mechanik disponiert das Denken und das Schreiben – und die Denk-Pausen. Die Öffnungszeiten der *Einrichtung* suggerieren das ringförmige Glück einer kleinen Ewigkeit, in deren Verlauf an dem jungen Angestellten *fremde Länder und Menschen* wie aus einem Klavierstück von Robert Schumann vorüberziehen. *Illustrierte Welt* ist der Name des Wachtraums, der hier zur Aufführung kommt und nie endet: *Offen von 10 Uhr bis 10 Uhr.*

In einem übertragenen Sinn ist das zyklisch aufgebaute Kaiserpanorama ein Bild der Italienreisen Kafkas. Den *alten Herrn*, der die «Illustrierte Welt» aufschlägt, darf man sich getrost als eine Metamorphose des Kaisers vorstellen, der jene beiden Vornamen auf sich vereinigt, die mit Kafkas eigenem Namen und dem einer seiner Romanfiguren eng verknüpft sind: Franz und Josef. Und wie sollte er es *wagen*, an den Kaiser das Wort zu richten?

Das Panorama Oberitaliens, das sich von Venedig bis Verona erstreckt, kannte er bereits – wie im Falle Brescias und Rivas – oder sollte es in den Jahren bis zum Ausbruch des Weltkriegs kennenlernen. Tatsächlich blickt und reist er, wenn er in den Süden aufbricht, stets entlang der Grenzen des bis 1859 weit nach Oberitalien vorgeschobenen Habsburgischen Reiches. Über diese südliche Grenze, deren äußerste Stationen das Kaiserpanorama ihm vor Augen führt, wird er nie hinausgehen.

Verona, S. Anastasia. Stereophoto aus dem Kaiserpanorama. Zwergenskulptur am rechten Bildrand

Immer wieder diese weiße Sklavin

> In einem Eisenbahnzug sitzen, es vergessen, leben wie zuhause, plötzlich sich erinnern, die fortreißende Kraft des Zuges fühlen, Reisender werden, die Mütze aus dem Koffer ziehn, den Mitreisenden freier, herzlicher, dringender begegnen, dem Ziel ohne Verdienst entgegengetragen werden, kindlich dies fühlen, ein Liebling der Frauen werden, unter der fortwährenden Anziehungskraft des Fensters stehn, immer zumindest eine ausgestreckte Hand am Fensterbrett liegen lassen. Schärfer zugeschnittene Situation: Vergessen, daß man vergessen hat, mit einem Schlage im Blitzzug allein reisendes Kind werden, um das sich der vor Eile zitternde Waggon anstaunenswert im Allergeringsten aufbaut wie aus der Hand eines Taschenspielers.
>
> Kafka, Tagebuch, 31. Juli 1917

> Das Kino ist das Tagebuch des modernen Lebens.
>
> G. A. de Caillavet, 1912

Am 25. Februar 1911, also unmittelbar nach der Rückkehr von der Dienstreise nach Nordböhmen, jagt Kafka seinem Freund und «Korrespondenten» Max Brod eine kurze Rohrpost ins Haus, in der unter den Neuigkeiten des Tages eine besonders auffällt: *Einige Neuigkeiten lieber Max: Leute haben schon Amseln im Volksgarten singen hören – die Karosserie der Hofequipagen muß man wenn die Herrschaften aussteigen, hinten festhalten wegen der starken Federung – heute sah ich auf der Herfahrt eine Ente im Wasser am Flußrand stehn – ich bin mit einer Frau gefahren, die der Sklavenhändlerin aus «die weiße Sklavin» sehr ähnlich gesehen hat u.s.w.* (EF II, 90) Kafka ist in Fahrt. Offenbar hat er mit dem Freund zusammen in Prag den mit großem Getöse angekündigten Film «Die weiße Sklavin» gesehen.

Diese «Weiße Sklavin» ist das dritte Remake eines dänischen Filmstoffs, der mit großem Erfolg – und als absoluter «Schundfilm» gebrandmarkt – immer wieder ein- und dasselbe Thema kolportierte: Eine junge, mittellose Frau wird durch eine Annonce aus ihrer Heimat weggelockt und in der Fremde zur Prostitution gezwungen. Nach einer dramatischen Suchaktion gelingt es dem verschmähten Liebhaber bzw. Verlobten, die schon entehrt Geglaubte aus den Fängen der Sklavenhändler zu befreien.

Nun ist es nichts Ungewöhnliches, durch Film oder Photographie vertraute Schauspieler in Zufallsbekanntschaften wiederzuerkennen bzw. aus der Masse der täglich vorbeihuschenden anonymen Gesichter ein ganz bestimmtes mit dem «vertrauten» Gesicht des Schauspielers zu identifizieren, sofern nur der eigene Wunsch und die formale Ähnlichkeit groß genug sind. Doch mit dieser «Filmbekannten» Kafkas hat es seine eigene Bewandtnis.

Zwei Frauen stehen im Mittelpunkt des Films. Die scheinbar fürsorgliche, in Wirklichkeit sadistische Sklavenhändlerin auf der einen, und Edith, die *unschuldige Heldin*, auf der anderen Seite. Kafka fährt zunächst bei der *bösen*, sodann ein halbes Jahr später bei der *unschuldigen* Heldin mit, tagträumend und diesen Tagtraum korrespondierend.

Ende August 1911 brechen die Freunde erneut zur großen Reise auf. Sie dauert fast einen ganzen Monat, vom 26. August bis zum 20. September, und führt sie von Prag über Pilsen und München nach Lindau; von dort weiter über St. Gallen und Winterthur nach Zürich; über den Gotthard nach Lugano. Am 4. September treffen sie in Mailand ein, wo sie neben dem Bordell «Al Vero Eden» gleich zweimal das «Teatro Fossati» besuchen sowie den Dom und andere Sehenswürdigkeiten. Am 7. September fahren sie über St. Moritz, Montreux, Lausanne und Dijon nach Paris weiter. In Paris, das sie unermüdlich und mit unersättlicher Neugier besichtigen, bleiben sie bis zum 13. September. Auf getrennten Wegen treten sie die Heimreise an.

Von dieser Reise sind nicht nur Kafkas und Brods Tagebücher (sowie einige Essays von Brod) erhalten, sondern auch der Entwurf einer gemeinsamen romanhaften Verarbeitung: *Richard und Samuel.* Dieses Projekt wurde nach

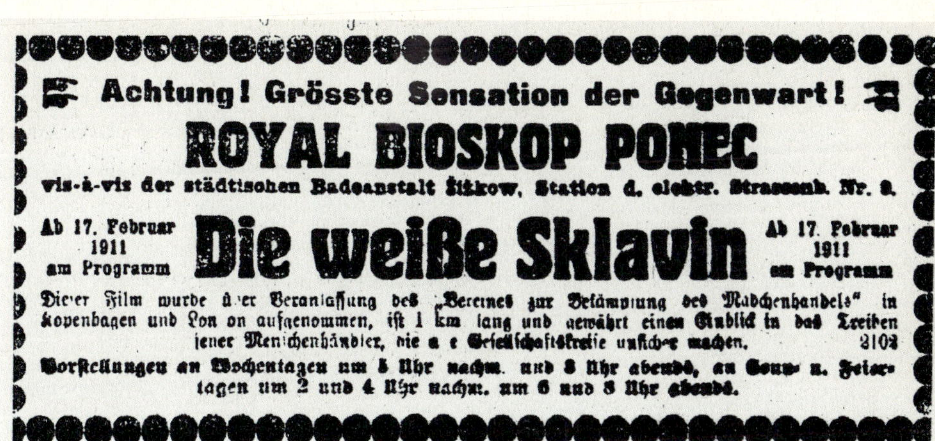

dem ersten Kapitel abgebrochen, doch ist in dem erhaltenen Fragment eine sehr anschauliche Episode vom Beginn der Reise überliefert.

Es ist nicht nur eine Bildungsreise im herkömmlichen Sinn. Ausgerüstet mit dem «roten Vormund», wie Rudolf Borchardt den Baedeker verächtlich nannte, schickten sie sich an, diesen durch einen eigenen Reiseführer – er sollte *Billig* heißen – noch zu übertreffen. Es ist auch eine Bilderreise: Bilder von Reklametafeln, Panoramen, Ansichtskarten, Bilder aus Museen und Zeitungsbeilagen und nicht zuletzt Filmbilder perforieren förmlich die Tagebuchseiten der beiden Graphomanen. Bilderreize, Reizbilder, wohin sie blicken – und wohin das Auge des Lesers gelenkt wird. Unerbittlich gegen sich selbst notiert Kafka inmitten der gewissermaßen laufenden Aufzeichnung aus Mailand: *Unverantwortlich ohne Notizen zu reisen, selbst zu leben. Das tötliche Gefühl des gleichförmigen Vergehens der Tage ist unmöglich.* Und von dem fleißig stenographierenden Freund heißt es kritisch und bewundernd: *Max bedauert Geschriebenes nur während des Schreibens, später niemals.*

Es ist die letzte große Junggesellenreise: Max Brod verlobt sich 1912 – *wegverlobt* nennt Kafka das in einem Anflug von Eifersucht in einem Brief an Felice. Und so steht diese Reise noch ganz im Zeichen wahrer Männerfreundschaft. *Ein verheirateter Freund ist keiner*, wird Kafka 1914 seinem Tagebuch anvertrauen.

Bemerkenswert von Anfang an ist das außerordentliche kinetische Vergnügen der beiden, das heißt die Lust, mit dem Zug, dem Taxi, der Metro zu fahren und diese Beförderung – wie sich in München erweisen wird – sozusagen wie eine Kamerafahrt zu erleben. Max Brod notiert: *In Pilsen steigt eine Dame ein… Die Dame ist Angela Rehberger, eine Offizierstochter. Anknüpfung dadurch, daß mir ihr großer eingepackter Hut leicht auf den Kopf herabfällt oder herabschwebt. Wagnerianerin. Sammelt Chokoladepapier. Aber auch Zigarrenbinden, fährt nach Trient zu ihren Eltern. Arbeitet den ganzen Tag in einem technischen Büro, ist sehr zufrieden mit ihrem Leben. Nimmt Eisen, da sie krank war… In München Autofahrt durch die Stadt. Nacht und Regen. Wir sehn von allen Gebäuden nur den ersten Stock, da der große Schirm des Autos uns die Aussicht nimmt. Phantastische Vorstellungen über die Höhe der Schlösser und Kirchen. Perspektive einer Kellerwohnung, sagt Kafka.* (EF I 73f.)

Kafka erkennt die Lage und legt die Perspektive fest. *Seine* Perspektive. Er sekundiert und vertieft die Beschreibung seines Freundes: Er wähnt sich, obgleich auf ebener Erde durch die Stadt fahrend, im Keller. Er assoziiert das Geräusch der regennassen Reifen mit dem mechanischen Schnurren eines Projektors. Und schließlich paßt er das Bürofräulein zunächst vorsichtig, dann aber immer vehementer dem Klischee einer Kinofigur an, die ihn offenbar heftig affiziert hat. Kafka: *Regen, rasche Fahrt (20 Min.), Kellerwohnungsperspektive, Führer ruft die Namen der unsichtbaren Sehenswürdigkeiten aus, die Pneumatiks rauschen auf dem nassen Asphalt wie der Apparat im Kinematographen, das deutlichste: die unverhängten Fenster «der vier Jahreszeiten», die Spiegelung der Lampen im Asphalt wie im Fluß* (EF I 144).

Von der aus dem Geist Karl Valentins geborenen Wortschöpfung der *unsichtbaren Sehenswürdigkeiten* einmal abgesehen, wird hier das Dekor einer sehr eigentümlichen Verführungsszene entworfen. In dem ersten Kapitel des gemeinschaftlich konzipierten Romans *Richard und Samuel* – er sollte einmal im Untertitel «Eine kleine Reise durch mitteleuropäische Gegenden» heißen – erfährt die Geschichte, behutsam ins Fiktive verschoben, eine schärfere Beleuchtung. Kafka alias *Richard* übernimmt offenbar den Part des schlechten Gewissens, während Brod alias *Samuel* um so hemmungsloser als Verführer und anschließend als betrogener Betrüger auftreten darf. Aus *Angela* bzw. *Alice Rehberger* wird im Roman *Dora Lippert*.

Brod notiert: *Also Uniformen imponieren ihr gar nicht und Offiziere sind für sie Luft. Offenbar ist daran zum Teil jener Herr schuld, der ihr die Klavierauszüge borgt, zum Teil aber unser Hin- und Herspazieren auf dem Perron des Further Bahnhofs, denn sie fühlt sich nach der Fahrt im Gehn so frisch und streicht mit den Handflächen ihre Hüften.* Kafka sekundiert: *Dora L. hat runde Wangen mit viel blondem Flaum; sie sind aber so blutleer, daß man sehr lange die Hände in sie drücken müßte, ehe sich*

Max Brod erzählt über Kafka: «Er liebte die ersten Filme, die damals auftauchten. Besonders entzückte ihn ein Film, der tschechisch ‹Táta Dlouhán› hieß, was wohl mit ‹Vater Langbein› zu übersetzen wäre. Er schleppte seine Schwestern zu diesem Film, später mich, immer mit großer Begeisterung, und war stundenlang nicht dazu zu bringen, von etwas anderem zu reden als gerade nur von diesem herrlichen Film.»

eine Röthung zeigte. Das Mieder ist schlecht, über seinem Rande auf der Brust zerknittert sich die Bluse; davon muß man absehn... Ich bewundere sie; sie ist so musikalisch. Samuel allerdings scheint ironisch zu lächeln, als sie ihm etwas leise vorsingt. Vielleicht war es nicht ganz korrekt, aber immerhin, verdient es nicht Bewunderung, daß sich ein in einer großen Stadt alleinstehendes Mädchen so herzlich für Musik interessiert?... Jetzt erst erfahren wir, daß sie nicht ganz gesund ist, sogar lange krank gelegen ist... Die Ursache ihrer Blutarmut ist mir ja von allem Anfang an klar gewesen. Das Bureau. Man kann ja wie alles auch das Bureauleben als etwas Scherzhaftes empfinden (und dieses Mädchen empfindet es ehrlich so, ist ja vollständig getäuscht), aber im Wesen, in den unglücklichen Folgen!? – Ich weiß ja, woran ich z. B. bin. Und jetzt soll gar ein Mädchen im Bureau sitzen, der Frauenrock ist gar nicht dazu gemacht, wie muß er sich überall spannen, um dauernd, stundenlang auf einem harten Holzsessel sich hin- und herzuschieben. Und so werden diese runden Popos gedrückt, und zugleich die Brust an der Schreibtischkante. – Übertrieben? – Ein Mädchen im Bureau ist mir doch jedesmal ein trauriger Anblick. (EF I 196 ff.)

Der Sinn oder, vorsichtiger ausgedrückt, die Absicht dieser nachgerade anatomischen Fühlungnahme ist es nicht, Dora Lippert plump «näherzukommen», sondern sie aus der verhaßten Sphäre des Büros wegzuphantasieren, ja sie peu à peu aus der kruden Wirklichkeit überhaupt herauszuretouchieren und dem Bereich der reinen, der Kinofiktion zu überantworten. Schon in der nächsten Szene – die drei sind inzwischen in München angekommen, und

Samuel ist schon ziemlich intim mit ihr geworden – läßt er Dora zum ersten Mal selbst sprechen. Und was sie sagt, klingt wie die Zwischentitel aus einem Melodram. Es ist die Arie des musikalischen Fräuleins für den «Rezitator»: *Dieser Samuel hat sie trotz ihres lebhaften und durch den Regenguß unterstützten Sträubens überredet, den halbstündigen Aufenthalt in München zu einer Autofahrt zu benützen. Während er ein Auto holt, sagt sie zu mir in der Bahnhofsarkade, und sie nimmt mich dabei beim Arm: «Bitte, verhindern Sie diese Fahrt. Ich darf nicht mit. Es ist ganz ausgeschlossen. Ich sage es Ihnen, weil ich zu Ihnen Vertrauen habe. Mit Ihrem Freund kann man ja nicht reden. Er ist so verrückt!» – Wir steigen ein, mir ist das Ganze peinlich, es erinnert mich auch genau an das Kinematographenstück «Die weiße Sklavin», in dem die unschuldige Heldin gleich am Bahnhofsausgang im Dunkel von fremden Männern in ein Automobil gedrängt und weggeführt wird. Samuel dagegen ist guter Laune.* (EF I 198)

Wir steigen ein. Der Projektor läuft, und wie schon in der ein halbes Jahr zurückliegenden Fahrt mit der Sklavenhändlerin findet die Verschmelzung des Realen mit dem Fiktiven in Form einer Überblendung oder Doppelbelichtung *während der Fahrt* statt. Wie das Fräulein Rehberger alias Dora Lippert in der Eisenbahn und dann im Taxi wird die fremde Frau in der Straßenbahn an die Kinofiktion angebunden. Franz Kafka paust die Wirklichkeit der Münchner Nacht durch die Kinonacht der Filmszene – sie war damals dunkelblau eingefärbt* – auf seine Tagebuchseiten. Das Geschehen, diese nicht eben gewaltlose Szene, wird so «fixiert». Dem Schreiber gelingt es in diesem

---

* Frau Marguerite Engberg, Kopenhagen, die mir bei den Recherchen in dänischen Archiven sehr geholfen hat, konnte 1991 eine originalgetreue Colorierung dieses Films präsentieren. In seiner Arbeit «Kafkas Roman ‹Der Verschollene›» (Stuttgart 1965) beschreibt und analysiert Wolfgang Jahn (S. 64) irrtümlicherweise eine andere Fassung der «Weißen Sklavin», in der die von Franz Kafka genau beschriebene Szene überhaupt nicht enthalten ist.

Gewiß nicht zufällig setzte «Die weiße Sklavin, 2. Teil» Maßstäbe für ein Genre, das eigentlich erst erfunden werden mußte: die Filmkritik. Von kurzen aphoristischen oder sehr grundsätzlichen Erörterungen abgesehen, war es bis 1911 unüblich, einen einzelnen Film zu rezensieren, noch dazu, wenn er zu den sog. «Schundfilms» zählte. Der tschechische Schriftsteller Jiří Mahen veröffentlichte am 3. März 1911 in der Zeitung «Lidove Noviny» eine ungewöhnlich ausführliche Kritik dieses Films – es war das *billet d'entrée* der (tschechischen) Filmkritik: «Ich ging da hin. Wirklich! Der Saal ausverkauft, überall Gedränge. Und überall die seltsamen Schwingungen, die du immer dann fühlst, wenn es um irgendwelche heiklen Sachen geht. Die Frauen schauen überhaupt nicht selbstbewußt, die Herren hasten, und draußen stehen junge Burschen und beraten schon zum zehnten Mal, wie man hineinkommen könnte. Und dann schellt die Glocke und das senmerkwürdigen Verfahren, genau das einzulösen oder aufzuholen, was er immer wieder angesichts der fort- und von ihm weglaufenden Bilder beklagt: Kafka kann sie, die Bilder wie das Fräulein gleichermaßen, *festhalten*. Das winzige Stück Film, die kleine Szene, in der die *unschuldige Heldin* den Bahnhof verläßt, dauert in der heute noch erhaltenen Kopie ganze drei Sekunden.

Es ist sicher noch etwas ganz anderes im Spiel als Kafkas phänomenales eidetisches Gedächtnis, wenn er sich ausgerechnet an diese vorüberhu-

---

sationsreichste zeitgenössische Drama, das auf Geheiß des Vereins zur Bekämpfung des Mädchenhandels hergestellt wurde, beginnt. Fräulein Edith ist Waise geworden und fährt nach London zu seinen Verwandten. Am Bahnhof gesellt sich zu ihr eine Dame, die für die weitere Reise ihre Hilfe anbietet. Edith nimmt erfreut an und fährt ab. Die Dame ist freilich ein Lockvogel des Mädchen-Sklavenhalters – «dieser Bestien und Banditen der menschlichen Gesellschaft» – und ihr gelingt es, Edith ins Bordell zu locken. Dies geschieht mittels sehr cleverer Telegramme, und Edith gerät einmal nichtsahnend an irgendeine Madame, eine Puffmutter. Im Haus dieser Madame verlieben sich gleich zwei Weltmänner in sie und machen sich die Eroberung streitig. Ein reicher Lord will Edith entführen, aber ein noch reicherer Wüstling verhindert dies, überfällt den Lord und entführt Edith in sein Haus. Wir sind gerade beim Besten, als die Pause kommt. Der Film wird zusammengerollt, von dem es jetzt schon ungefähr einen Kilometer gibt. Und dann fliegen wir weiter. Der Wüstling will sich Ediths bemächtigen, aber Edith wehrt sich. Irgendeine Kreolin läßt das verzweifelte Mädchen qualvoll hungern. Inzwischen arbeitet aber für das unglückliche Opfer irgendein Ingenieur, der sich schon auf dem Dampfer in das Mädchen verliebt hat. Er erfährt, wo Edith ist, will sie mit dem Automobil entführen, wird aber wieder von den Häschern des Lords überfallen, die das Mädchen in einen ganz gewöhnlichen Puff verschleppen. Und jetzt geht alles wie geschmiert. Die Polizei schreitet ein, Automobile jagen einander hin und her, Schießereien und Jagd über Dächer, und schließlich wird Edith selbstverständlich gerettet und schmeißt sich in die Arme ihres Liebhabers und künftigen Gatten. Und wer sein Gewissen im Herzen hat und Verstand im Kopf, spuckt fast aus... Es ist eine ganz gewöhnliche kinematographische Dummheit, nichts mehr. ‹Die Weiße Sklavin› – das müßte ein anderer Film sein – und ein Kilometer davon würde nicht reichen! Und es dürfte weder ein moralisierender Schund noch ein bloßes Traktat für bloße Sinnlichkeit sein. Peter Altenberg hat dies ausgezeichnet verstanden.»

Unversehens verläßt Mahen das Terrain der Filmkritik und antizipiert seinen eigenen Geräuschfilm: «Die wahre Tragik der weißen Sklaverei könnte man eher klanglich festhalten, mit Seele und Herz denn mit Licht und Verstand. Da ist das Rauschen der neuen Kleider, in denen Edith, das Mädchen vom Land, zum ersten Mal unter die Gäste geht, und der Klang der zögernden Schritte oben im Zimmer, wenn die erste, höchst sonderbare Nacht sich zum Ende neigt, und das neue Mädchen endlich, endlich allein schlafen kann!» (Aus dem Tschechischen von Peter Spielmann)

Die ausdrückliche Erwähnung des Wiener Kaffeehausdichters Peter Altenberg ist vielleicht die überraschendste Volte in dieser Kritik, um so mehr als Altenberg ein hemmungsloser Apologet des kitschigen Films war, und so gesehen von Mahen in diesem Zu-

Wir steigen ein, mir ist das Ganze peinlich, es erinnert mich auch genau an das Kinematographenstück «Die weiße Sklavin», in dem die unschuldige Heldin gleich am Bahnhofsausgang im Dunkel

von fremden Männern in ein Automobil gedrängt und weggeführt wird. Samuel dagegen ist guter Laune.

schende Szene erinnert, die gar keine Episode, sondern lediglich ein Übergang, eine Passage, eine kleine Verwandlung ist. Er arretiert die Szene mit Hilfe seiner ausführlichen Beschreibung – und er wandelt sie sachte, aber bestimmt um; er gibt ihr eine leicht veränderte Stoßrichtung und erreicht dadurch, daß «seine» unschuldige Heldin, eben jene Dora, ganz in der Fiktion aufgeht.

In der *Film*szene verläßt die unschuldige Heldin, gefolgt von der Sklavenhändlerin, den Bahnhof und geht auf ein wartendes Taxi zu. Als sie das Taxi fast erreicht hat, wird ihr Weg von zwei dem Taxi zustrebenden Männern gekreuzt. Für den Bruchteil eines Augenblicks entsteht ein kleines Gedränge, das sich wie von selbst auflöst, sobald die Heldin samt Begleiterin das Taxi bestiegen hat. Unbehelligt und von den Männern unbedrängt setzt sich das Taxi in Bewegung und rauscht davon. Jene *fremden Männer*, die sie bedrängen und wegführen, hat es in dieser Form überhaupt nicht gegeben.

Kafka verwandelt die Männer, die aus dem Bildvordergrund auftauchen und den Gang der beiden Frauen zum Taxi kreuzen, in *Häscher*, ja *Zuhälter*. Und er selbst betritt – in dieser Verwandlung – mit Max die Szene. In dieser Modifikation fügt sich die Filmerinnerung vollkommen in die ‹reale› Begegnung am Münchner Bahnhof und in die Nötigung zur Taxifahrt ein. Kafka projiziert die leicht retouchierte Filmszene auf das reale Geschehen in München und entlastet sich von der offenbar als bedrückend empfundenen Realität: *Mir ist das ganze peinlich.*

Sobald diese kunstvolle Doppelbelichtung einmal fixiert ist, kann die Taxifahrt, die wie ein mechanisches Uhrwerk, wie ein Projektor (für die Projektion der unsichtbaren Sehenswürdigkeiten) abschnurrt, die peinliche oder

---

sammenhang gewiß nicht hätte zitiert werden dürfen. Altenberg, von Kafka einmal als *Genie der Nichtigkeiten* charakterisiert, schrieb 1912: «Ich schleudere hiermit meinen Bannfluch gegen alle jene, die, in ‹bestgemeinter Absicht› oder aus Geschäftsinteresse, sich in neuerer Zeit gegen die Kinotheater wenden! Es ist die beste, einfachste, vom öden Ich ablenkendste Erziehung... Im Kino erlebe ich die Welt... Das Volk soll sich erheben für die Kinotheater und sich nicht neuerdings in kleinsten und belanglosesten Angelegenheiten beschwatzen und betören lassen von den ‹psychologischen Clowns› der Literatur! Meine zarte 15jährige Freundin und ich, 52jähriger, haben bei dem Natursketch ‹Unter dem Sternenhimmel›, in dem ein armer französischer Schiffzieher seine tote Braut flußaufwärts zieht, schwer und langsam, durch blühende Gelände, heiß geweint! ...Ein ‹berühmter Schriftsteller› sagte zu mir: ‹Wir sind jetzt unter uns, was finden Sie eigentlich Besonderes an den Kinovorstellungen?!?› ‹Nein›, sagte ich, ‹wir sind nicht unter uns, sondern Sie sind unter mir!›»

Sperrholzmodell eines Prager Stummfilm-Kinos (um 1930). Die teuersten Plätze befanden sich «im Interesse des Publikums» hinten.

peinigende Wirklichkeit hinter sich lassen – und Kinema werden. Pures kinetisches, kinematographisches und graphematisches Vergnügen, Genuß der reinen, ungetrübten Passivität, in der die Körper und Sinne der drei Reisenden durch die regenschwere, illuminierte Nacht befördert werden. Was sie sehen, sind *unsichtbare Sehenswürdigkeiten*, und was sie hören, ist das Schnurren des Apparats im Kinematographen.

Sie sehen es aus einer Kellerperspektive, der K- oder Kafkaperspektive, welche der Kinoperspektive nicht unähnlich ist. Und auch das im Taxi sich anbahnende Melodram zwischen dem Verführer aus der Provinz und der unschuldigen Heldin erfüllt alle erotischen und sexuellen Klischees, die der primitive Film für dieses Genre aufbot.

Kafka protokolliert wie ein versierter Kinobesucher und Beifahrer: *Es ist Nacht. Perspektiven einer Kellerwohnung. Samuel dagegen leitet daraus phantastische Vorstellungen über die Höhe der Schlösser und Kirchen ab. Da Dora in ihrem dunklen Rücksitz noch immer schweigt und ich schon fast einen Ausbruch fürchte, wird er endlich doch stützig und fragt sie, für mein Gefühl etwas zu konventionell: «Nun sind Sie doch nicht bös auf mich, Fräulein? Habe ich Ihnen etwas getan u.s.f.?» Sie erwidert: «Da ich einmal hier bin, will ich Ihnen das Vergnügen nicht stören. Sie hätten mich aber nicht zwingen sollen. Wenn ich ‹Nein› sage, so sage ich es nicht ohne Grund. Ich darf eben nicht fahren.» «Warum?» fragt er. «Das kann ich Ihnen nicht sagen. Sie müssen doch selbst einsehn, daß es sich für ein Mädchen nicht schickt, Nachts mit Herren herumzufahren. Außerdem ist noch etwas dabei. Nehmen Sie nur an, ich wäre schon gebunden ...» Wir erraten, jeder für uns, mit stillem Respekt, daß diese Sache irgendwie mit dem Wagner-Herrn zusammenhängt. Nun, ich habe mir keine Vorwürfe zu machen, versuche sie aber trotzdem aufzuheitern. Auch Samuel, der sie bisher ein wenig von oben herab behandelt hat, scheint zu bereuen und will nur mehr von der Fahrt sprechen.*

Und rauschhaft, mit wahrem Rauschen unterlegt und mit einem *Rezitator* der raffinierteren Art versehen, gleitet die Szene ins reine Kino hinüber. Sie ist, so wie Kafka sie imaginiert, reine Wunscherfüllung, die natürlich im Taxi, in der Nacht und zu dritt so nicht hätte gelingen können und wohl auch peinlich gewesen wäre. Im Film allerdings, in Kafkas Film ruft der *Chauffeur, von uns aufgefordert... die Namen der unsichtbaren Sehenswürdigkeiten aus. Die Pneumatics rauschen auf dem nassen Asphalt wie der Apparat im Kinematographen. Wieder diese «weiße Sklavin»*.

Ein vom Geräusch überformtes, aus der K-Perspektive wahrgenommenes München zieht an den drei Reisenden vorüber. Fräulein Dora singt nicht mehr. Und es verwundert nicht, daß in diesem Zustand auch das Vertrauteste schlagartig fremd wird und auch nicht, daß der in einem mechanischen Wunschgehäuse, in einer Junggesellenmaschine in zwanzigminütiger Entrückung Dahinschnurrende sich nicht erklären kann, woher diese Fremdheit rührt: *Nur beim Freiheitsmonument mit seinen im Regen klatschenden Fontänen ist längerer Aufenthalt gegönnt. Brücke über die nur geahnte Isar. Schöne herrschaftliche Villen längs des Englischen Gartens. Ludwigsstraße, Theatinerkirche, Feldherrnhalle, Pschorrbräu. Ich weiß nicht, wieso das kommt: ich erkenne nichts wieder, obwohl ich doch schon mehrmals in München war. Sendlinger Tor. Bahnhof, den rechtzeitig zu erreichen ich (besonders Doras wegen) Sorge hatte. So sind wir wie eine daraufhin ausgerechnete Feder in genau zwanzig Minuten durch die Stadt geschnurrt, nach dem Taxameter.* (EF I 199)

Die Peinlichkeit der Nötigung zur nächtlichen Fahrt ist durch den Kunstgriff der Übertragung der realen Scham in die irreale Schamlosigkeit des Kinos abgestreift. Unbelästigt und wohlbehalten wird Fräulein Dora einer im Zug nach Innsbruck wartenden Dame übergeben. Und Kafka kann es sich nicht verkneifen, nachdem er als tadelloser Junggeselle aus der Affäre und dem Taxi hervorgegangen ist, die neu ins Spiel kommende Person umstandslos dem mittlerweile bekannten Filmpersonal aus der «Weißen Sklavin» zuzuordnen. Es ist, folgt man seiner Beschreibung, die gefürchtete

Sklavenhändlerin aus dem Film, jene schwarzgekleidete «andere», mit der zu fahren er bereits vor einem halben Jahr das virtuelle Vergnügen hatte: *Wir bringen unsere Dora, als wären wir ihre Münchner Verwandten, in einem direkten Coupée nach Innsbruck unter, wo eine schwarzgekleidete Dame, die mehr zu fürchten ist als wir, ihr für die Nacht ihren Schutz anbietet.* (EF I 199f.)

Max Brod ist aus der Affäre mit einigen Blessuren hervorgegangen. Anders als sein Freund hatte er wohl zu sehr der realen Dora nachgestellt und, nachdem ihm kein Erfolg vergönnt war, allzu dreist geleugnet, daß dies so gewesen sei. Ihm war der sehr spezielle Kunstgriff Kafkas, die Szene zu «entwirklichen» und ins Kino zu übertragen, offenbar verborgen geblieben. Ja, er scheint diese Verschiebung Kafkas nicht einmal bei der Niederschrift des gemeinsamen Romans bemerkt zu haben.

Max Brod hat am Ende die Last der Scham allein zu tragen. Er schreibt: *Die Sache mit Dora ist gründlich mißlungen. Je weiter es gieng, desto schlimmer. Ich hatte die Absicht, die Reise zu unterbrechen und in München zu übernachten. Bis zum Nachtmahl, etwa Station Regensburg, war ich überzeugt, daß es gehn würde. Ich versuchte mich mit Richard durch ein paar Worte auf einem Zettel zu verständigen. Er scheint ihn gar nicht gelesen zu haben, nur drauf bedacht, ihn zu verstecken. Schließlich liegt ja nichts daran, ich hatte gar keine Lust auf das fade Frauenzimmer. Nur Richard machte so ein Wesen aus ihr, mit seinen umständlichen Ansprachen und Gefälligkeiten. Dadurch wurde sie auch in ihrer dummen Ziererei bekräftigt, die schließlich im Automobil ganz unerträglich wurde. Beim Abschied wurde sie folgerecht ein sentimentales deutsches Gretchen, Richard, der ihr natürlich den Koffer trug, benahm sich, wie wenn sie ihn unverdient beglückt hätte, ich hatte nur ein peinliches Gefühl.* (EF I 200)

Kafka läßt Brod im Regen stehen. Dieser schaut dem Freund bei dessen *umständlichen Ansprachen und Gefälligkeiten* zu und sieht dabei nicht, daß Kafka die Projektionsmaschine schon längst in Gang gesetzt hat. Er braucht auch den Zettel mit Brods souffliierten Zwischentiteln gar nicht zu lesen – diese wird Dora ihm schon selbst liefern. Wer sich wie Brod ausschließlich der von ihm selbst inszenierten Verführung überläßt, ohne den Ausweg in die (entlastende) Fiktion zu kennen, muß am Ende, wenn schon nicht dafür büßen, so doch die Peinlichkeit, die zu Beginn der Szene noch ganz auf Kafkas Seite verbucht war, alleine tragen. *Gleichförmig* ist dieser Tag nicht vergangen.

«Die weiße Sklavin» gehört zu jener Gattung Film, welche den verschämt-schamlosen Blick ins Bordell lizensiert. Der «Skandal» für die kinofeindlichen, konservativen Kreise bestand genau darin, daß der Film diesen (Ein-)Blick gewährt und dabei das Bordell als einen nicht nur verruchten

Ort zeigt. Eine besondere Pointe jener Edith, der «weißen Sklavin», war im übrigen, daß sie sich aus eigener Kraft der Zudringlichkeiten ihres Zuhälters erwehren konnte, indem sie ihn erwürgte. Der bildungsbürgerlichen Meinung zufolge war das *Zeigen* von Sexualität das Verbrechen. In der ausführlichen tschechischen Kritik des Films ahnt man etwas von der speziellen Verruchtheit dieses Films, welche trotz oder gerade wegen der moralisierenden Verrisse damals *sotto voce* goutiert wurde.

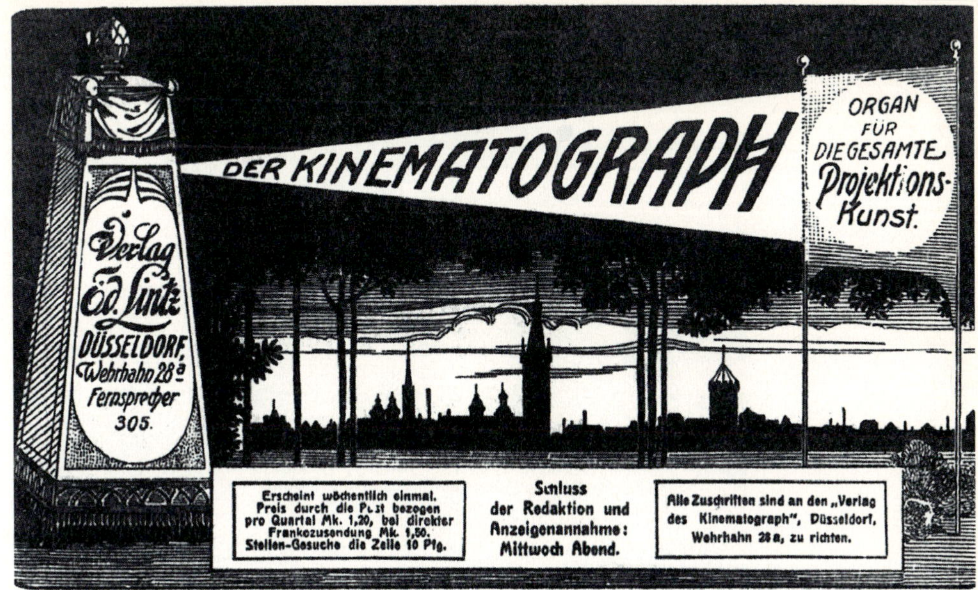

Die K-Perspektive

LA DOMENICA DEL CORRIERE

Si pubblica a Milano ogni Domenica

Supplemento illustrato del „Corriere della Sera„

MILANO

Anno XIII. — N. 36. | 3 - 10 Settembre 1911.

Come sia stato possibile l'impossibile, cioè il furto dal Louvre del ritratto di Monna Lisa del Giocondo, di Leonardo

«Es ist geschehen, was nie hätte geschehen dürfen», schreibt der «Corriere». Ausgerechnet ein Maler – Orland Campbell – entdeckte das Fehlen des Gemäldes. Als er sich nach dem Verbleib der Mona Lisa erkundigte, erhielt er von dem Wärter die Antwort: «Sie ist wahrscheinlich im Photoatelier.»

Das gestrichelte Paris oder Der Raub der Mona Lisa

Mein Leben hier ist so, als wäre ich eines zweiten Lebens ganz gewiß, so wie ich z. B. den mißlungenen Aufenthalt in Paris im Hinblick darauf verschmerzte, daß ich danach streben werde bald wieder hinzukommen. Hiebei der Anblick der scharf getrennten Licht- und Schattenpartien auf dem Gassenpflaster.

Kafka, Tagebuch, 21. Februar 1911

Es gibt unheimlich viele Lichtbildtheater. Auf den Boulevards liegt eines neben den andern, ein grell farbiges Plakat reiht ins andere, und in den Abendstunden ist die Lichtreklame ganz auf ihr Konto zu setzen. Die Pariser sind sicher bald so weit, daß sie alles soeben in der neuesten Zeitung Gelesene gleich auch im Kino sehen können.

Erste Internationale Film-Zeitung, 23. 11. 1912

Mailand empfängt die beiden Reisenden Anfang September 1911 mit Cholera-Nachrichten und einem großen, farbigen Titelblatt der Sonntagsbeilage des «Corriere della Sera»: Der Raub der Gioconda im Louvre. Der Diebstahl ereignete sich am 21. August, und die davon ausgelöste Bilder- und Nachrichtenflut wird sie auf der Reise fortan begleiten.

Das Realsubstrat der «Weißen Sklavin» – die Prostitution – wird in dem Bordell «Al Vero Eden» aufgespürt; möglicherweise klingt in den Initialen ein parodistisches Echo des königlichen Namens der Galleria Vittorio Emmanuele nach, in der das Etablissement sich befand.

Man hat fast den Eindruck, Kafka ziehe sich schreibend zurück, um von den *Mädchen* anatomisch-erotische Signalements zu überliefern. Sie lesen sich wie Bildlegenden zu den Standphotos, die ein anonymer Pariser Polizei-Inspektor um 1900 hat anfertigen lassen: *Das Mädchen, dessen Bauch im Sitzen über und zwischen den auseinander gereckten Beinen unter dem durchscheinenden Kleid zweifellos unförmlich war, während er als sie aufstand sich zerzog wie eine Teaterdekoration hinter Schleiern und einen schließlich erträglichen Mädchenleib bildete. Die Französin, deren Süßigkeit für den abschließenden Blick sich vor allem in den runden und doch detaillierten, plauderhaften und anhänglichen Knien zeigte* (EF I 160).

Standphoto aus «Die weiße Sklavin»

Die im Kaiserpanorama entdeckte *Ruhe des Blickes* kann sich vollends während des Besuchs im Teatro Fossati entfalten. Der lombardische Dialekt, in dem die Stücke und Operetten gespielt wurden, wird es wohl nicht gewesen sein, der die beiden mehr als bildungshungrigen Touristen zu einem zweimaligen Besuch dorthin gelockt hat. Kafkas ruhig-beschwingtes Stenogramm führt uns durch die passagenartige Anlage des Theaters. Zwischen dem Corso Garibaldi und der Via Rivoli gelegen, befand sich der Theaterraum selbst quer zu den beiden Eingängen; das auf gleicher Höhe mit dem Parkett befindliche Orchester verstärkte noch den Eindruck einer großen, unbeschwerten Nähe zum szenischen Geschehen. Die Bühne war stark beleuchtet, in ihrem Zentrum der illuminierte Schauspieler. «Das Theater ist ein Lüster», sagt Baudelaire.

Kafka läßt seinen Blick durch den weiten Raum schweifen und konzentriert schließlich seine ganze Aufmerksamkeit auf die ungewöhnliche Erscheinung des Schauspielers: *Theatro Fossati – Alle Hüte und Fächer in Bewegung*

Interieur eines Pariser Bordells um 1900

– Lachen eines Kindes in der Höhe – Programm verklebt durch einen Reklamezettel – eine ältere Dame im Männerorchester – Poltrone – Ingresso – Orchester in einer Ebene mit dem Zuschauerraum – Reklame von Lancia aufgenommen in die Plafondekoration eines Salons – alle Fenster der Rückwand offen – großer starker Schauspieler mit zart getupften Nasenlöchern, deren Schwarz auffallend bestehen bleibt, wenn auch die Ränder des zurückgebogenen Gesichtes im Licht verschwimmen (EF I 157).

Der *große starke Schauspieler* ist kein anderer als der seinerzeit sehr populäre Edoardo Ferravilla, der in dem lombardischen Volksstück «Le dot d'on ceregh» [Die Mitgift eines Meßdieners] als Don Romeo während des ganzen Septembermonats Triumphe feierte.

Während der weiteren Fahrt nach Stresa notiert Kafka die *Reliefbewegungen der im gefüllten Coupé Schlafenden*: ein schönes Bild für die seitwärts gedrehten, scheinbar abgeflachten Leiber und Gesichter.

Paris, das Ziel ihrer Reise, wird bis zur Erschöpfung durchlaufen, durchfahren, begafft, bestaunt, besichtigt und beschrieben. Als gelte es, den Vier-

Das Teatro Fossati, benannt nach seinem Gründer Carlo Fossati, wurde noch unter habsburgischer Herrschaft, im April 1857, an der vormaligen Porta Comasina, dem heutigen Corso Garibaldi, eröffnet. Es war ein Volkstheater, das bis in die zwanziger Jahre hinein, ehe es in ein Kino umgewandelt wurde, die bedeutendsten lombardischen Stücke und Schauspieler auf seiner Bühne versammelte. Vgl. die ausführliche Monographie «Il Teatro Fossati di Milano» von Lamberto Sanguinetti, Mailand 1972

(Rechts) «Vom 1. September [1911] an den ganzen Monat hindurch: Edoardo Ferravilla!»

zeiler der letzten Paris-Reise erneut an seinem Ursprungsort zu erproben, schlägt Kafka die rasch wechselnden städtischen Ansichten wie einen Fächer auf. Und wie ein «Kubist» montiert er triviale mit erhabenen Gegenständen zu einem neuen Bild der Stadt, die ja, laut Brod, *in allem das Vorbild* ist:

die charakteristische Flächenlage: Hemden, Wäsche überhaupt, Servietten im Restaurant, Zucker, große Räder der meist 2rädrigen Wagen, Pferde einzeln hintereinandergespannt, flächige Dampfer auf der Seine, die Balkone teilen die Häuser in die Quere und verbreitern diese flächigen Querschnitte der Häuser, die flachgedrückten breiten Kamine, die zusammengelegten Zeitungen

das gestrichelte Paris:

die aus den flachen Kaminen herauswachsenden hohen dünnen Kamine (mit den vielen kleinen blumentopfartigen), die äußerst stummen alten Gaskandelaber, die Querstriche der Jalousien, denen sich in den Vorstädten die gestrichelten Schmutzabdrücke auf der Hauswand anfügen, die dünnen Leisten auf den Dächern, die wir in der rue Rivoli sahen, das gestrichelte Glasdach des Grand Palais des Art, die strichweise geteilten Fenster der Geschäftsräume, die Gitter der Balkone, der aus Strichen sich bildende Eifelturm, die größere Strichwirkung der Seiten- und Mittelleisten der Balkontüren gegenüber unsern Fenstern, die Sesselchen im Freien und die Kaffeehaustischchen, deren Beine Striche sind, die goldspitzigen Gitter der öffentlichen Gärten (EF I 164).

Gestrichelt und künstlich eingetrübt und schraffiert ist die Welt auch für den, der das Kino verläßt. Oder für den, der durch eine nächtlich verregnete, illuminierte Stadt fährt. Der Strich-Regen ist die Kinofolie, die Projektion, hinter der die Stadt wahrgenommen wird.

Während der nächtlichen Fahrt durch München hatte Kafka das Stichwort von den *unsichtbaren Sehenswürdigkeiten* notiert, deren bedeutendste und aktuellste jetzt in Paris zu «besichtigen» sein wird. Wie ein fliegendes Plakat ist ihnen spätestens seit Mailand die vielfach bebilderte und geschilderte Nachricht von der gestohlenen Mona Lisa vorausgeeilt. In Paris angekommen, zögern sie nicht, den Ort des Verbrechens aufzusuchen, um mit vielen anderen Schaulustigen jenes Loch an der Wand des Louvre anzustarren, an der die Berühmte bis zum 21. August 1911 gehangen hatte. Die Sensation war offenbar größer als die Blamage, so daß die Leitung des Louvre wochenlang das *Schandmal*, die leere Wand zur Besichtigung freigab.

Schon am nächsten Tag, am Sonntag, dem 10. September, bestaunen die beiden Paris-Touristen im riesigen Kinosaal des «Omnia Pathé» die parodistische Kolportage des blamablen Vorfalls. Max Brod hat diesen Abend festgehalten: *Gerade an dem Abend, den wir nach so vielen nächtlichen Mühseligkeiten zum Rastabend bestimmt hatten, zu einem bescheidenen Nachtmahl zwischen Hotelwänden und Früh-zu-Bette-Geh'n, gerieten wir auf dem Boulevard an ein mit Glühlämpchen besetztes Portal und einen nicht eben eifrigen Ausrufer, dessen Mützenaufschrift uns aber magischer anzog als alle seine Worte es gekonnt hätten. Omnia Pathé... Hier also standen wir an der Quelle so vieler unserer Vergnügungen, wieder einmal im Zentrum eines Betriebes, dessen Ausstrahlungen so heftig die ganze Welt überleuchteten, daß man beinahe an das Vorhandensein eines Zentrums nicht mehr glauben will: ein Gefühl übrigens, das für unsere Pariser Stimmung typisch war; denn mit überraschender Gewalt bestürmen hier gewaltige Zentralfirmen (wie Pneu Michelin, Doucet, Roger Gallet, Clement Bayard u. a.) das Herz des Neulings. Wir verzichteten auf den Rastabend wieder einmal (verdammte Stadt!) und gingen hinein.*

Einem verdunkelten Saal kann es nur schwer gelingen, sich von anderen verdunkelten Sälen zu unterscheiden. Uns aber, die wir immer fest entschlossen sind, in allem Pariserischen etwas Besonders und etwas Besseres als anderswo zu finden, fällt schnell die Geräumigkeit auf – nein, das ist noch nichts – dann, daß die Leute durch eine dunkle Türe im Hintergrunde verschwinden und daß ein kühler Luftzug diese stetige Bewegung des Publikums zu regulieren scheint – nein, so ist es ja auch bei uns, ununterbrochene Vorstellungen, eine Eingangs- und eine Ausgangstüre – jetzt aber fassen wir schon festeren Fuß: Diese Freiheit der Leute, sich überallhin stellen zu dürfen, wo eben Platz ist, auch in den Gang zwischen den Bankreihen, auch auf die Stiege, die im Hintergrund zum Apparat hinaufführt, ja auch neben den Apparat, ist entschieden etwas Republikanisches, das würde eine andere als die Pariser Polizei nicht billigen. Ebenso republikanisch ist freilich die Freiheit der zahlreichen Säulen im Saal, den Zuschauern beliebig die Aussicht verstellen zu dürfen...

Ein Mädchen in Uniform eines Operettenmilitärs, auf der Mütze die diesmal übeldeutige Inschrift «Omnia», geleitet uns auf unsere Sitze, verkauft uns ein (auf gut Pariser Sitte ungenaues) Programm. Und schon sind wir von der blendend weißen zitternden Bildfläche vor uns verzaubert. Wir stoßen einander an. «Du, es wird hier besser gespielt als bei uns.» Natürlich, in Paris muß ja alles besser sein. (EF I 209 f.)

Ausführlich beschreibt Brod dann den fünfminütigen Sketch «Nick Winter et le vol de la Joconde»: *Zum Schluß, nach den üblichen Revolverschüssen, Verfolgungen, Boxkämpfen, kam das Aktuelle. Natürlich fehlte sie nicht, die man jetzt auf allen Reklamen, Bonbonnièren, Ansichtskarten in Paris sieht: Mona Lisa. Das Bild begann mit der Vorführung des Herrn Croumolle (jeder weiß, daß es «Homolle» bedeutet und keiner protestiert gegen die Gassenbüberei, mit der man dem greisen Delphiforscher zu Leibe rückt). Croumolle liegt nämlich im Bett, die Zipfelmütze über den Ohren und*

OMNIA
CINEMA PATHE
CINÉMA
PATHE Fres
CINÉMATOGRAPHE
PATHÉ FRÈRES
L'ARMOIRE NORMANDE
1907 5
1. 2. 3. 4

«Omnia Pathé… Hier also standen wir an der Quelle so vieler unserer Vergnügungen, wieder einmal im Zentrum eines Betriebes, dessen Ausstrahlungen so heftig die ganze Welt überleuchteten, daß man beinahe an das Vorhandensein eines Zentrums nicht mehr glauben will.» (Max Brod)

wird durch ein Telegramm aufgeschreckt: «Die Gioconda gestohlen». Croumolle kleidet sich, bitte der Delphiforscher – aber ich protestiere nicht, ich habe ja so gelacht – kleidet sich mit clownartiger Behendigkeit an, steckt bald beide Beine in ein Hosenrohr, bald einen Fuß in zwei Strümpfe. Zum Schluß rennt er mit nachschleifenden Hosenträgern über die Gasse, alle Passanten dreh'n sich nach ihm um, selbst ferne in dem von Pathé offenbar nicht bezahlten Hintergrund… Es ist eine Sehnsucht, die seit Aufkommen des Kinema mit der Heftigkeit meiner ehemaligen Kinderwünsche in mir lebt: ich möchte einmal zufällig in eine Straße einbiegen, wo so eine gestellte Kinematographenszene gerade vor sich geht. Was könnte man da improvisieren! Und jedenfalls welch ein Anblick!… Doch weiter. Die Geschichte spielt im Louvresaal, alles trefflich imitiert, die

Standphotos aus «Nick Winter et le vol de la Joconde»

Gemälde und in der Mitte die drei Nägel, an denen die Mona Lisa hing. Entsetzen; Herbeirufen eines komischen Detektivs; ein Schuhknopf Croumolles als falsche Fährte; der Detektiv als Schuhputzer; Jagd durch die Pariser Kaffehäuser; Passanten gezwungen, sich die Schuhe putzen zu lassen; Verhaftung des unglücklichen Croumolle, denn der am Tatort gefundene Knopf paßt natürlich zu seinen Schuhknöpfen. Und nun die Schlußpointe: Während alles durch die Louvresäle läuft und sensationell tut, schleicht der Dieb herein, die Mona Lisa unterm Arm, hängt sie wieder an ihren Platz und nimmt dafür die Prinzessin von Velasquez mit. Niemand bemerkt ihn. Plötzlich sieht einer die Mona Lisa, allgemeines Erstaunen und ein Zettel in der Ecke des wiedergefundenen Bildes besagt: «Pardon, ich bin kurzsichtig. Ich wollte eigentlich das Bild daneben haben» ... Croumolle wird, der Arme, freigelassen. (EF I 212 f.)

Im Verlauf einer systematischen Durchsuchung der labyrinthischen Räume des Louvre entdeckte man, viel zu spät, in dem Treppenhaus, das auf die Cour Visconti führt, den Rahmen und das Panzerglas, das die «Gioconda» vor den «Vandalen» schützen sollte ...

Der Film nahm offenbar nicht nur den Direktor des Louvre, Homolle, ins Visier, sondern auch den führenden Kriminologen Frankreichs, Bertillon. Dieser hatte sich bereits in der Dreyfus-Affäre gründlich blamiert, als er ein

Dreyfus belastendes graphologisches Gutachten verfertigte, das sich später als falsch erwies. Am 24. August 1911 entdeckte Bertillon den Abdruck eines linken Daumens auf dem Rahmen der «Gioconda», woraufhin sämtliche Angestellten des Louvre, einschließlich des Direktors, erkennungsdienstlich erfaßt wurden.

Max Brod beschreibt in seinem Essay noch weitere Filme, die an diesem Abend im «Omnia Pathé» gezeigt wurden: *Wir sahn, ja wir sahn sehr viel – nach Analogie der Comédie, die acht Akte fast ohne Zwischenpausen auf die Bretter stellt. Wir sahn den Arzt das arme kranke Kind besuchen und sich in der Türe nochmals melodramatisch, mit deutlich bemitleidender Miene umdrehn. Wir sahn die Güte irgend eines englischen Königs, handkoloriert, zwischen Theaterrüstungen und einer Ruine (die man aus einem abgebrannten Vorstadthäuschen hergestellt hatte) sich ausleben… Dann noch das «Journal Pathé». Und damit auch alles recht wie eine Zeitung ausschaut, wird zuerst der Titelkopf und «Dritter Jahrgang» ernsthaft projiziert. Wir sehn französische Teuerungsmanifestationen, die wie von Pathé arrangiert ausschauen, alles lacht ins Publikum her.* (EF I 211 ff.) Zum Schluß reitet Kaiser Wilhelm auf der Leinwand vorüber, und Brod beschließt seinen Essay mit einem Vergleich zwischen französischem und ausländischem Pomp.

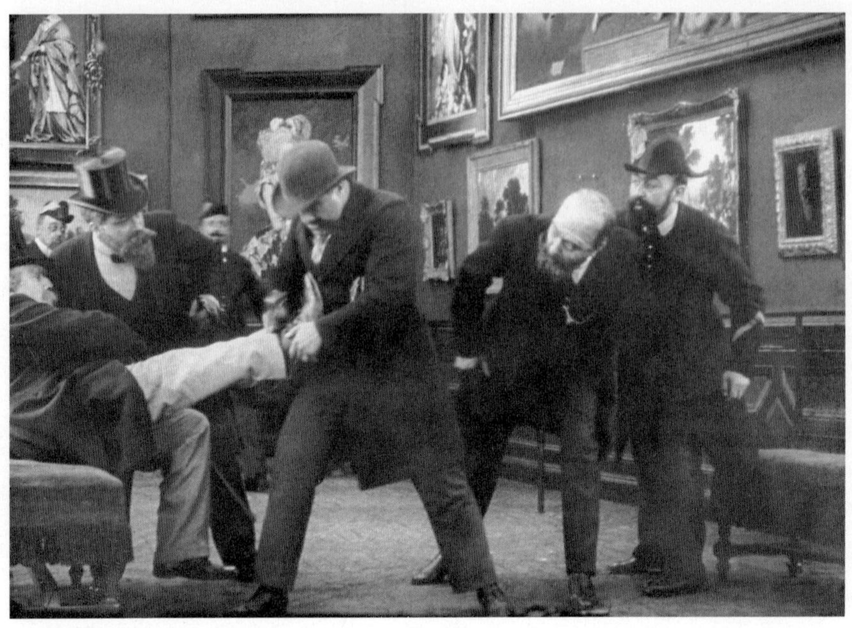

Der Kinobesuch reiht sich ein in die *Augenblicksbeobachtungen*, welche die beiden Junggesellen auf der Reise schier unentwegt anstellen. Nur bei sehr wenigen Gelegenheiten *verweilt* Kafkas Reisetagebuch, so etwa wenn er einen Unfall zwischen einem Tricycle-Fahrer und einem Automobil minutiös beschreibt, oder wenn er sich – in Erinnerung an den mißglückten Aufenthalt im Vorjahr – jetzt mit offenbar größerem Elan von der Metro durch Paris befördern läßt und der Alptraum, der ihn seinerzeit von *correspondance* zu *correspondance* verfolgt hat, jetzt einer ruhigeren Vision weicht. Der reine reibungslose und sprachlose Verkehr läßt den Fremden in das Wesen von Paris eindringen.* *Schrecklich war der Lärm der Metro, als ich mit ihr zum erstenmal im Leben vom Montmartre auf die großen Boulevards gefahren bin. Sonst ist er nicht arg, verstärkt sogar das angenehme ruhige Gefühl der Schnelligkeit. Die Reklame von Dubonnet ist geeignet von traurigen und unbeschäftigten Passagieren gelesen, erwartet und beobachtet zu werden. Ausschaltung der Sprache aus dem Verkehr, da man weder beim Zahlen noch beim Ein- und Aussteigen zu reden hat. Die Metro ist wegen ihrer leichten Ver-*

* Es ist mehr als eine Kuriosität, daran zu erinnern, daß die beiden es in der Pariser Öffentlichkeit gelegentlich vorzogen, so im Bois de Boulogne, tschechisch zu sprechen.

ständlichkeit für einen erwartungsvollen und schwächlichen Fremden die beste Gelegenheit, sich den Glauben zu verschaffen, richtig und rasch im ersten Anlauf in das Wesen von Paris eingedrungen zu sein. (EF I 183)

Wenige Tage nach Beendigung der Reise und mit offenbaren Schwierigkeiten kämpfend, das Projekt des gemeinsamen Romans voranzubringen, denkt Kafka bei der Lektüre von Goethes Tagebüchern über die von Technik, Geschwindigkeit und der begradigten Landschaft bewirkte Veränderung der Wahrnehmung beim Reisen nach: *Reisebeobachtungen Goethes anders als die heutigen, weil sie aus einer Postkutsche gemacht mit den langsamen Veränderungen des Geländes sich einfacher entwickeln und viel leichter selbst von demjenigen verfolgt werden können, der jene Gegenden nicht kennt. Ein ruhiges förmlich landschaftliches Denken tritt ein. Da die Gegend unbeschädigt in ihrem eingeborenen Charakter dem Insassen des Wagens sich darbietet und auch die Landstraßen das Land viel natürlicher schneiden als die Eisenbahnstrecken, zu denen sie vielleicht im gleichen Verhältnisse stehn wie Flüsse zu Kanälen, so braucht es auch beim Beschauer keine Gewalttätigkeiten und er kann ohne Mühe systematisch sehn. Augenblicksbeobachtungen gibt es daher wenige, meist nur in Innenräumen wo bestimmte Menschen gleich grenzenlos einem vor den Augen aufbrausen* (T I, 42 f.).

Die Lektüre kommt wie gerufen, um die Beschreibung des *gestrichelten* und zu Einzelheiten zerfallenden Paris nachträglich zu legitimieren und zu bekräftigen. Kafkas *Augenblicksbeobachtungen* zeitigen dabei so scharfe Splitter wie die Skizze des Bordellbesuchs in Paris, welche das vordem in schamvollen Kitsch gehüllte Ambiente der «Weißen Sklavin» zu photographischer Kenntlichkeit exponiert. Die literarische Distanz zu Brod ist in solchen Augenblicken unübersehbar.

Wie schon im Kaiserpanorama und in der Metro registriert Kafka sehr genau die mechanische Musik (Ariston, Telephon, Läutewerk), welche den Verkehr in Gang setzt, wodurch der Eindruck, eine Behörde aufzusuchen, noch verstärkt wird.

Kafka und Brod als Achilles und Odysseus, helmbewehrt? Eher ähneln sie Laurel und Hardy, die alles daran setzen, diese Einrichtung möglichst schnell und geräuschlos wieder zu verlassen. Wie in einer Großaufnahme erhascht Kafka das Bild einer ganz in seiner Nähe stehenden Prostituierten. Hier ist kein Raum und keine Zeit mehr für die Überblendung von der fiktiven Edith zu dem realen Fräulein Rehberger. Schreiben wie unter Blitzlicht.

Im Herbst des Jahres 1911 machen Kafka und Brod etliche Anläufe, mit dem geplanten gemeinsamen Roman voranzukommen, doch erweist sich bald, daß über die guten Vorsätze und ein erstes Kapitel hinaus eine weitere *Kommunion* (Brod) sich nicht einstellen will. In seinem Tagebuch aus dieser Zeit läßt Kafka noch einmal, in höchster Plastizität und mit durchaus zudringlicher Phantasie, das Fräulein Rehberger Revue passieren. Als wäre sie eine Prager Bekanntschaft (oder eben ein *Mädchen*), fertigt er von ihr ein erotisches Signalement an und läßt sich von ihren als häßlich beschriebenen Zügen auf vertrackte Weise stimulieren. Und wieder ist die Szene, wie vormals der *peinliche* Wechsel von der Eisenbahn ins Taxi am Münchner Hauptbahnhof, in das Dunkel einer künstlichen Nacht getaucht. Jetzt kann er auch ohne Umschweife zugeben, daß er und Max ihr während der Eisenbahnfahrt und in München durchaus respektlos nachgelaufen sind. Und deutlicher als noch in der *Doppelbelichtung* (Edith alias Alice/weiße Sklavin alias Dora) spricht Kafka hier sein Begehren aus: Er fühlte *nachher einige kleine Stöße von Zuneigung zu ihr.* Am 12. Oktober notiert er: *Gestern bei Max am Pariser Tagebuch geschrieben. Im Halbdunkel der Rittergasse die in ihrem Herbstkostüm dicke warme Rehberger, die wir nur in ihrer Sommerblouse und dem dünnen blauen Sommerjäckchen gekannt haben in denen ein Mädchen mit nicht ganz fehlerlosem Aussehn schließlich ärger als nackt ist. Da hatte man erst recht ihre starke Nase in dem blutlee-*

Rationell eingerichtete Bordelle. Die reinen Jalousien der großen Fenster des ganzen Hauses herabgelassen. In der Portierloge statt eines Mannes ehrbar angezogene Frau, die überall zu Hause sein könnte. Schon in Prag habe ich immer den amazonenmäßigen Charakter der Bordelle flüchtig bemerkt. Hier ist es noch deutlicher. Der weibliche Portier der sein elektrisches Läutwerk in Bewegung setzt, der uns in seiner Loge zurückhält, weil ihm gemeldet wird, daß gerade Gäste die Treppe herabkommen, die zwei ehrbaren Frauen oben (warum zwei?) die uns empfangen, das Aufdrehen des elektrischen Lichtes im Nebenzimmer, in dem die unbeschäftigten Mädchen im Dunkel oder Halbdunkel saßen, der ¾ Kreis (wir ergänzen ihn zum Kreis), in dem sie um uns in aufrechten auf ihren Vorteil bedachten Stellungen stehn, der große Schritt, mit dem die Erwählte vortritt, der Griff der Madame, mit dem sie mich auffordert … Unmöglich mir vorzustellen wie ich auf die Gasse kam, so rasch war es. Schwer ist die Mädchen dort genauer anzusehen, weil sie zu viele sind, mit den Augen blinzeln, vor allem zu nahe stehn. Man müßte die Augen aufreißen und dazu gehört Übung. In der Erinnerung habe ich eigentlich nur die, welche gerade vor mir stand. Sie hatte lückenhafte Zähne, streckte sich in die Höhe, hielt mit der über der Scham geballten Faust ihr Kleid zusammen und öffnete und schloß gleich und schnell die großen Augen und den großen Mund. Ihr blondes Haar schien zerrauft. Sie war mager. Angst davor nicht zu vergessen den Hut nicht abzunehmen. Man muß sich die Hand von der Krempe reißen. Einsamer, langer sinnloser Nachhauseweg. (EF I 181 f.)

ren Gesicht gesehen, in dessen Wangen man lange die Hände hätte drücken können, ehe sich eine Rötung gezeigt hätte, den starken blonden Flaum, der sich auf der Wange und der Oberlippe häufte, den Eisenbahnstaub, der sich zwischen Nase und Wange verflogen hatte und das schwächliche Weiß im Blousenausschnitt. Heute aber liefen wir ihr respektvoll nach und als ich mich an der Mündung eines Durchhauses vor der Ferdinandstraße verabschieden mußte wegen Unrasiertheit und sonstigem schäbigem Aussehn (Max war gerade sehr schön mit schwarzem Überzieher, weißem Gesicht und Brillenglanz) fühlte ich nachher einige kleine Stöße von Zuneigung zu ihr. Und wenn ich nachdachte warum, mußte ich mir immer nur sagen, weil sie so warm angezogen war.

Tags darauf löst sich das dergestalt identifizierte Fräulein Rehberger in weitere *Augenblicksbeobachtungen* auf, in Einzelbilder, nicht unähnlich den *genau erinnerten* Sekundenbildern aus der «Weißen Sklavin». Und erneut schiebt Kafka vor Angela (oder Alice) Rehberger aus der sommerlichen Zugfahrt jene andere Figur, die er im Halbdunkel der Rittergasse gesehen hatte. Die Beschreibung scheint ihm so zutreffend und wirkungsvoll, daß er die wirklich gesehene und zur «weißen Sklavin» verhüllte bzw. entblößte darüber vergessen kann: *Die Beschreibung der Rehberger hielt ich nicht für gelungen, sie muß aber doch besser gewesen sein als ich glaubte oder mein vorgestriger Eindruck von der Rehberger muß so unvollständig gewesen sein, daß ihm die Beschreibung entsprach oder ihn gar überholte. Denn als ich gestern abend nachhause gieng, fiel mir augenblicksweise die Beschreibung ein, ersetzte unbemerkt den ursprünglichen Eindruck und ich glaubte die Rehberger erst gestern gesehn zu haben undzwar ohne Max, so daß ich mich vorbereitete, ihm von ihr zu erzählen, gerade so wie ich sie mir hier beschrieben habe.* (T I, 61 f.)

NS · COMESTIBLES
14
FRUITERIE
PORCELAINES
VERRERIE
FAYENCES
VINS
EMPORTER

entr'acte

Der Meterstab kommt ihm aus, er macht mit dem Bleistift einen Strich in die Luft.

Karl Valentin in dem Film «Der reparierte Scheinwerfer»

Zwischen Winter 1911 und Frühjahr 1912 schreibt Kafka an dem Roman *Der Verschollene.* Wie er seiner späteren Verlobten Felice Bauer im März 1913 mitteilt, vernichtete er diese erste, zweihundert Seiten starke Fassung als *gänzlich unbrauchbar.* Am 9. Mai 1912 vertraut er seinem Tagebuch seine verzweifelten Versuche an, die Niederschrift des *Verschollenen* wiederaufzunehmen: *Wie ich mich gegen alle Unruhe an meinem Roman festhalte, ganz wie eine Denkmalsfigur die in die Ferne schaut und sich am Block festhält.* (T II, 70)

Einen Monat später empfängt er ein – ermutigendes – Echo aus dem 19. Jahrhundert von seinem Lieblingsschriftsteller: *Jetzt lese ich in Flauberts Briefen: Mein Roman ist der Felsen, an dem ich hänge und ich weiß nichts von dem was in der Welt vorgeht. – Ähnlich wie ich es für mich am 9 V eingetragen habe.* Und in der nächsten Eintragung, von der vorherigen durch einen Tintenstrich getrennt, protokolliert er die nachgerade physische Entleerung, die das Schreiben bei ihm provoziert hat: *Gewichtlos, knochenlos, körperlos zwei Stundenlang durch die Gassen gegangen und überlegt, was ich nachmittag beim Schreiben überstanden habe.* (T II, 74)

Es ist immer wieder darüber spekuliert worden, welche Filme Kafkas Schreiben näher oder ferner beeinflußt haben. Er selbst gibt darüber keine Auskunft, nennt keinen einzigen Hinweis, daß er bestimmte Bilder oder Szenen für sein Schreiben herangezogen hätte. Die von ihm gestreiften und gelegentlich festgehaltenen Bilder – meist sind es sehr kurze Eintragungen, die sich im wesentlichen auf die Jahre 1910 bis 1913 beschränken – stehen in keinem unmittelbar erkennbaren Zusammenhang zu seiner Prosa. Ja, man kann sich des Eindrucks nicht erwehren, als wollte er diese Bilder aus seiner Prosa heraushalten, gerade so, als befänden sie sich in einem so provisorischen und flüchtigen Aggregatzustand, daß ihre Beschreibung nur im

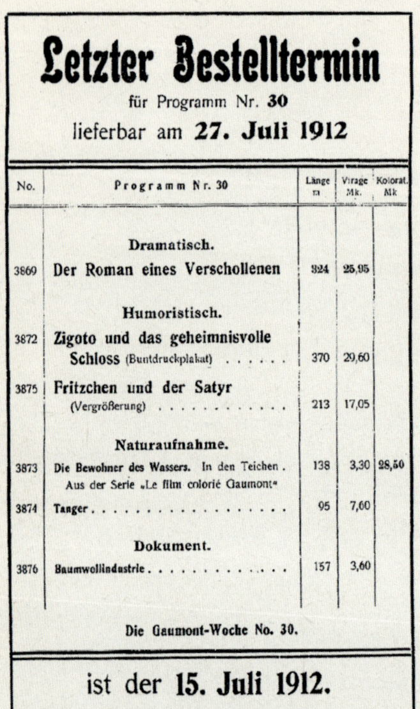

Letzter Bestelltermin

für Programm Nr. **30**

lieferbar am **27. Juli 1912**

No.	Programm Nr. 30	Länge m	Virage Mk.	Kolorat. Mk
	Dramatisch.			
3869	**Der Roman eines Verschollenen**	324	25,95	
	Humoristisch.			
3872	**Zigoto und das geheimnisvolle Schloss** (Buntdruckplakat)	370	29,60	
3875	**Fritzchen und der Satyr** (Vergrößerung)	213	17,05	
	Naturaufnahme.			
3873	**Die Bewohner des Wassers.** In den Teichen . Aus der Serie „Le film colorié Gaumont"	138	3,30	28,50
3874	**Tanger**	95	7,60	
	Dokument.			
3876	**Baumwollindustrie**	157	3,60	

Die Gaumont-Woche No. 30.

ist der 15. Juli 1912.

Verantwortlich für die Redaktion: O. GRASSI, Berlin SW., Friedrichstr. 20.
Druck: AD. ALTERTHUM, Berlin-Brandenburg a. H.

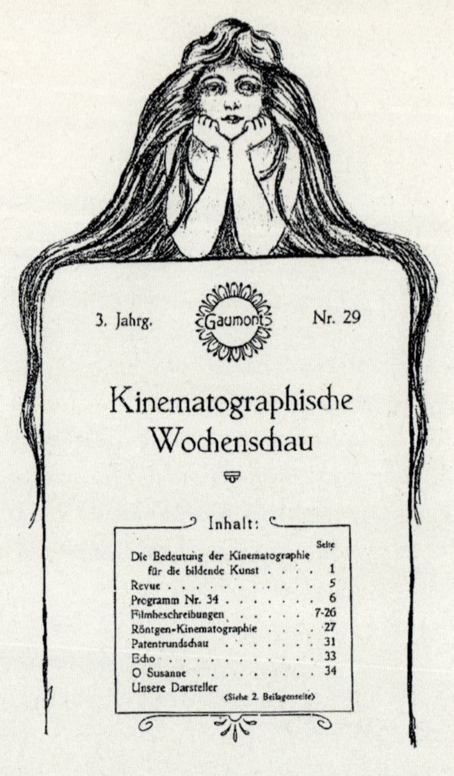

3. Jahrg. Gaumont Nr. 29

Kinematographische Wochenschau

Inhalt:

	Seite
Die Bedeutung der Kinematographie für die bildende Kunst	1
Revue	5
Programm Nr. 34	6
Filmbeschreibungen	7-26
Röntgen-Kinematographie	27
Patentrundschau	31
Echo	33
O Susanne	34
Unsere Darsteller (Siehe 2. Beilagenseite)	

Im Juli 1912 kündigt die deutsche Vertriebsstelle von Gaumont den Start eines kleinen Films an, der namensgleich mit Kafkas entstehendem Roman ist. Von dem Film selbst hat sich keine Spur erhalten, ebensowenig von den «Natur-Aufnahmen» aus New York, welche wie in einem Album die Stationen der Ankunft Karl Roßmanns in der Neuen Welt bebildern.

Sinn einer *gestischen* und eben nicht unmittelbar inhaltlichen *Übersetzung* sinnvoll wäre.*

Die Stufen der Verwandlung, ja Verzerrung der Filmreste in eine andere Fiktion sind bei Kafka mannigfaltig, und es gibt ein offenbares, genußvolles (Miß-)Vergnügen, die Bilder des *Kinema* immer nur provisorisch und unzurei-

* In diesem Zusammenhang sollten die wenigen bis heute veröffentlichten elegant-rabiaten Skizzen und Strichzeichnungen Kafkas als eine im wörtlichen Sinn «expressionistische» Raffung von Kinobildern gelesen werden.

chend festhalten zu können. Die gestische Übersetzung ist es, die Theodor Wiesengrund Adorno vor Augen hat, wenn er, mit einem Seitenhieb gegen Max Brod, in einem Brief an Walter Benjamin 1934 schreibt: «So scheint mir hier Brod mit der banalen Erinnerung an den Film etwas weit genaueres getroffen zu haben als er ahnen konnte. Kafkas Romane sind nicht Regiebücher fürs Experimentiertheater, weil ihnen der Zuschauer prinzipiell abgeht, der ins Experiment eingreifen könnte. Sondern sie sind die letzten, verschwindenden Verbindungstexte zum stummen Film (der nicht umsonst fast gleichzeitig mit Kafkas Tod verschwand); die Zweideutigkeit der Geste ist die zwischen dem Versinken in Stummheit (mit der Destruktion der Sprache) und dem Sicherheben aus ihr in Musik – so ist wohl das wichtigste Stück zur Konstellation Geste – Tier – Musik die Darstellung der stumm musizierenden Hundegruppe aus den Aufzeichnungen eines Hundes, die ich nicht zögern möchte dem Sancho Pansa an die Seite zu stellen.»

Pathé frères, Kinematographen und Films, Berlin W. 8
Friedrichstr. 191, Eingang ..onenstr. 14.

Oktober 1908.

1. Woche.

2. Serie.

Natur-Aufnahmen.

2426

Telegr.-Adr.: *Fanal.*

New-York.

Länge 155 m. Preis Mk. 155.–

Titel der einzelnen Bilder.

Statue der Freiheit (von Bartholdi)

Ankunft eines Dampfers im Hafen

Ellis Insel -- Die Station der Auswanderer

Auswanderer an Bord eines Dampfers — Ausschiffung

Broadway — Ansicht des Hauses St. Paul

Einige Wolkenkratzer — Haus der City Investing Co.

Häuser von 50 Etagen im Bau

Brocklyn-Brücke

Die öffentlichen Promenaden im Central-Park

Anders verhält es sich mit der Photographie. Wie schon am Beispiel des Kaiserpanoramas deutlich wurde, kann hier die *Ruhe des Blickes* sich so weit entfalten, daß das Gesehene in die Erinnerung überführt und mit bereits vorhandenen Bildern verglichen werden kann. Immer wieder ergreifend die Szene aus dem *Verschollenen*, in der Karl Roßmann die Photographie seiner Eltern betrachtet und, nachdem der Anblick des Vaters auch nach längerem Hinschauen nicht *lebendiger* werden will, er sich dem Bild der Mutter zuwendet: *Die Mutter dagegen war schon besser abgebildet, ihr Mund war so verzogen, als sei ihr ein Leid angetan worden und als zwinge sie sich zu lächeln. Karl schien es, als müsse dies jedem der das Bild ansah, so sehr auffallen, daß es ihm im nächsten Augenblick wieder schien, die Deutlichkeit dieses Eindrucks sei zu stark und fast widersinnig. Wie könne man von einem Bild so sehr die unumstößliche Überzeugung eines verborgenen*

Gefühls des Abgebildeten erhalten. Und er sah vom Bild ein Weilchen lang weg. Als er mit den Blicken wieder zurückkehrte, fiel ihm die Hand der Mutter auf, die ganz vorn an der Lehne des Fauteuils herabhieng, zum Küssen nahe. (V 135)

Hat Kafka eine Photographie vor sich, so kann er das Bild ausforschen, abtasten und mit der abgebildeten Person in eine fast osmotische Beziehung treten: *Diese Photographie, Liebste, bringt Dich mir wieder ein großes, großes Stück näher. Ich würde es für ein recht altes Bild halten ... Das Ganze sieht übrigens in der Beleuchtung, Gruppierung und Laune der Abgebildeten ganz geheimnisvoll aus und der Schlüssel des Geheimnisses, der vorne auf dem Tisch neben der zu ihm gehörigen Schachtel liegt, macht die Sache um nichts klarer. Du lächelst wehmüthig oder ist es meine Laune, die Dir dieses Lächeln andichtet. Ich darf Dich nicht ordentlich ansehn, sonst bekomme ich den Blick nicht von Dir los ... Liebste, wie mächtig ist man gegenüber Bildern und wie ohnmächtig in Wirklichkeit! Ich kann mir leicht vorstellen, daß die ganze Familie beiseite tritt und sich entfernt, daß nur Du allein zurückbleibst und ich mich über den großen Tisch hinüberlehne, um Deinen Blick zu suchen, zu erhalten und vor Glück zu vergehn. Liebste, Bilder sind schön, Bilder sind nicht zu entbehren, aber eine Qual sind sie auch.* (F 163)

Weggerissen oder Lützows wilde Jagd

Viel goldne Bilder sah ich um mich schweben,
Das schöne Traumbild wird zur Totenklage,
Mut! Mut! was ich so treu im Herzen trage,
Das muß ja doch dort ewig mit mir leben.

Theodor Körner, Abschied vom Leben, 1813

Im September 1912 taucht jäh, am Rande einer stürmischen Eintragung ins Tagebuch, die Erwähnung eines Kinobesuchs auf. Die Wochen vorher waren mit aufregenden inneren wie äußeren Ereignissen angefüllt. Am 13. August hatte er im Haus der Familie Brod die Berliner Angestellte Felice Bauer kennengelernt – und umgehend erstellt er, wie schon bei Alice Rehberger, ein minutiöses photographisches Signalement, das sogleich wie ein *Urteil* feststeht: *Als ich am 13. zu Brod kam, saß sie bei Tisch und kam mir doch wie ein Dienstmädchen vor... Knochiges leeres Gesicht, das seine Leere offen trug. Freier Hals. Überworfene Bluse... Fast zerbrochene Nase. Blondes, etwas steifes reizloses Haar, starkes Kinn. Während ich mich setzte, sah ich sie zum erstenmal genauer an, als ich saß, hatte ich schon ein unerschütterliches Urteil.* (TII, 79)

Im November wird Kafka, wie er an Felice Bauer schreibt, eine neue Zeiteinteilung einführen, die weniger durch ihren Schematismus als durch die damit erhoffte Steigerung des *Glücks* beim Schreiben überrascht: *Meine Lebensweise ist nur auf das Schreiben hin eingerichtet und wenn sie Veränderungen erfährt, so nur deshalb, um möglicher Weise dem Schreiben besser zu entsprechen, denn die Zeit ist kurz, die Kräfte sind klein, das Bureau ist ein Schrecken, die Wohnung ist laut und man muß sich mit Kunststücken durchzuwinden suchen, wenn es mit einem schönen geraden Leben nicht geht... Von 8 bis 2 oder 2 1/3 Bureau, bis 3 oder 1/2 4 Mittagessen, von da ab Schlafen im Bett... bis 1/2 8, dann 10 Minuten Turnen, nackt, bei offenem Fenster, dann eine Stunde Spazierengehn... dann Nachtmahl innerhalb der Familie... dann um 1/2 11... Niedersetzen zum Schreiben und dabeibleiben je nach Kraft, Lust und Glück bis 1, 2, 3 Uhr, einmal auch schon bis 6 Uhr früh.* (F 66 f.)

In der Nacht vom 22. zum 23. September hatte er in einem Zug die Erzählung *Das Urteil* in sein Tagebuchheft geschrieben und noch am nächsten Morgen seinen Schwestern vorgelesen. Am 25. September schließlich will er nach dem Furor des *Urteils* die Arbeit am *Verschollenen* wiederaufnehmen. Doch wie Odysseus widersteht er den lockenden Sirenen: *Vom Schreiben mich mit Gewalt zurückgehalten.* Er liest im Freundeskreis *Das Urteil* vor und konstatiert: *Die Zweifellosigkeit der Geschichte bestätigte sich.* Am Abend schließlich, nachdem er sich doch wie ein Süchtiger dem Schreiben ergeben hat, weiß er als einziges Gegengift nur noch den Kinematographen. *Heute abend mich vom Schreiben weggerissen. Kinematograph im Landesteater. Loge. Frl. Oplatka, welche einmal ein Geistlicher verfolgte. Sie kam ganz naß von Angstschweiß nachhause. Danzig. Körners Leben. Die Pferde. Das weiße Pferd. Der Pulverrauch. Lützows wilde Jagd.* (T II, 103) Ein Tintenstrich, und Karl Roßmanns Schicksal nimmt seinen Lauf.

In der Morgenausgabe der deutschsprachigen Prager Tageszeitung «Bohemia»* war am 25. September 1912 folgende Annonce eingerückt:

«Deutsches Landestheater / Volkstümliche Lichtspiele / (Wissenschaftl. kinematographische Vorstellungen.) / Mittwoch, den 25. September 1912 / Drei Vorstellungen: I. Vorstellung 2 Uhr / II. Vorstellung 4 ½ Uhr / III. Vorstellung 7½ Uhr / Programm: / 1. Seltsame Insekten / 2. Die Insel Ceylon / 3. Danzig / 4. Zur Erinnerung an den Geburtstag Theodor Körners: Theodor Körner. Sein Leben und Dichten. – Aus der Jugendzeit – Der Student – Der Theaterdichter und seine Braut – Der Freiheitskämpfer.

Spielplan des Deutschen Landestheaters: Samstag, den 28.9.: V. Volkstüml. Vorstellung zu ermäßigten Preisen, ‹Eva› – Sonntag, den 29.9.: VI. Volkstüml. Vorstellung zu ermäßigten Preisen: ‹Der Talisman›.»

---

* Die «Bohemia», welche am 25. September mit viel Getöse die Premiere im Landestheater angekündigt hatte, kolportierte am folgenden Tag einen englischen Artikel über das Lippenlesen: «Es ist offenbar, heißt es in dem Artikel, daß die Menschen in einem Fabelland der Wahrheit leben würden, wenn das Lippenlesen allgemein wäre. Der Kinematograph ist ja schon indiskret genug, aber wenn alle Leute Miß Lees Talent hätten, würden die Enthüllungen des Lippenlesens oft äußerst unangenehm werden. Zur Illustration diene folgende der Revue de Psychologie entnommene Geschichte: Bei einer Kinovorstellung wurde eine chirurgische Operation in allen Einzelheiten realistisch ausgeführt. Auf der Leinwand sah man den auf einem Tisch ausgestreckten Patienten; dann kam der Chirurg auf die Szene; er hielt ein Messer in der Hand und stand im Begriff, den Bauch des Patienten zu öffnen. Sein Gesicht war versteint in seiner Ruhe; kein Muskel zitterte darin. Zufällig waren aber unter den Zuschauern eine Anzahl Schüler aus einem Taubstummeninstitut anwesend und während die anderen unter dem packenden Grauen der Szene erschauerten, brachen die Taubstummen in ein lautes Gelächter aus. Sie hatten die Bedeutung der Lippenbewegungen des Chirurgen verstanden und verdolmetschten das unterdrückte Zucken nervöser Spannung mit dem Refrain, den sich der Chirurg zur eigenen Beruhigung vorsummte: On va lui tirer le flanc – Rataplan plan plan! – Tireli ranplan!»

Auffallend die kalligraphische Ähnlichkeit zwischen dem K in der Plakatschrift, vor allem der weit nach rechts unten ausgreifende Schwung, und Kafkas eigenem handschriftlichem K, das er einmal in seinem Tagebuch (27. Mai 1914) wie seine eigene Karikatur porträtiert: *Ich finde die K häßlich, sie widern mich fast an und ich schreibe sie doch, sie müssen für mich sehr charakteristisch sein.*

Aus dieser auf den ersten Blick nicht ungewöhnlichen Anzeige spricht die schwere Krise, die das Theater – nicht nur in Prag – in den Jahren zwischen 1911 und 1914 erfaßt hatte. Das renommierteste deutschsprachige Theater, das *Landes*- oder *Nostitz*-Theater, hatte durch die ungeheure Popularität des Kinematographen an massivem Publikumsschwund zu leiden.

Der Chronist der deutschen Bühnen in Prag, Richard Rosenheim, beklagt 1938, auf jene schwierige Zeit zurückblickend, im kummervollen Ton konservativer Kulturkritik die «Amerikanisierung Mitteleuropas»:

«Sorgenjahre. – Trotz solcher Gipfelleistungen, und trotzdem Oper und Schauspiel auch im Alltag des Theaters mit größtem Fleiß und höchstem Ernst ans Werk gingen, wurden die Jahre 1911 bis 1914 schwere Sorgenjahre. Wer, wie der Schreiber dieser Zeilen, zu jener Zeit in der Leitung großer Bühnen tätig war, weiß warum. Es waren die Jahre, in denen der Friede Europas in

Theodor Körner (1791–1813) ist die Paradefigur der deutsch-nationalen Literatur: patriotische Dichtkunst nannte man, was aus seiner Feder floß. Nach aufrührerischen Jahren an der Universität wurde Körner, aufgrund des großen Erfolges seines Dramas ‹Zriny›, 1813 zum Hoftheaterdichter an der Wiener Burg ernannt. Noch im selben Jahr trat er in das Lützowsche Freicorps ein, wurde dessen Adjutant und starb am 26. August eben jenen Heldentod, den er in seinen Gedichten immer wieder besungen hatte.

den letzten Zügen lag. Eine ungeheure Spannung, die Ahnung, daß etwas Furchtbares unaufhaltsam näherkam, hatte sich der Menschen bemächtigt, und als Gegengift suchten sie Zerstreuung und Betäubung um jeden Preis. Es war die Zeit der Tanzturniere, der Beginn der kulturellen Amerikanisierung Mitteleuropas und damit die Aera der leeren Kassen für jedes ernststrebende Theater. Das war in Prag nicht anders als in Hamburg und Berlin, in Wien und Paris…

Verspätetes Erwachen. – Drei Jahre stand Heinrich Teweles an der Spitze des deutschen Theaters in Prag. Die ‹Parsifal›-Premiere, der glanzvolle Auftakt des vierten Jahres, war kein schlechtes Omen für die Zukunft. Allein die schleichende Krise im Geschäftsgang des Theaters ließ seinen Direktor die-

In den «Berlinischen Nachrichten» vom 21. August 1813 wird unter der Rubrik «Anekdoten aus dem gegenwärtigen Kriege» erzählt, daß Körner «bei einem schändlichen Überfall» auf das Lützowsche Corps bei Kitzen schwer verwundet entkommen sei: «Da kritzelte er, mit unverbundener tiefer Wunde, ohne letzte Stärkung, in der Nacht folgendes Sonett in seine Schreibtafel, und fiel bald darauf in einen Todesschlummer, aus dem er aber den andern Mittag glücklich wieder zum Leben erwachte.»
Aus seiner Kindheit ist eine Anekdote überliefert: Theodor Körner, dem man schon mit dreieinhalb Jahren Hosen anzog und dem man erzählt hatte, daß zu einem richtigen Manne auch ein Bart gehöre, begrüßte begeistert den Schneider, der das neue Kleidungsstück brachte, bis er merkte, daß etwas fehlte, und da fragte er enttäuscht: Wo ist der Bart?

ses Eintagserfolges nicht lange froh werden. Bisher hatte Teweles die Ursache dieser Krise vor allem in den Schwierigkeiten gesehen, die sich aus der technischen Rückständigkeit des alten Landestheaters ergaben ... Aber die wirklich fruchtbare Ausnutzung des alten Hauses blieb ein Problem, auch nachdem es Teweles gelungen war, endlich die Einführung einer elektrischen Beleuchtungsanlage im Landestheater durchzusetzen. Was 1888 eine Sensation gewesen war, war 1911 ein Bonmot von vorgestern. Teweles aber glaubte so fest an Edison als Retter, daß er in seinem Bemühen, den Besuch des Landestheaters zu heben, auf die seltsame Idee verfiel, in dem ehrwürdigen Hause auf dem Obstmarkt, das Mozarts Genius eingeweiht hatte, ein *Kino* zu installieren. Seiner Energie glückte es, auch diese Idee gegen alle Widerstände von oben und unten zu realisieren, und so hat das erste deutsche Kino in Prag tatsächlich durch einige Jahre hindurch sein Heim im Landestheater gehabt. Selbstverständlich hielt sich Teweles streng an die Richtlinien, die ihm bei der Bewilligung erteilt wurden, und führte dem Publikum dort lediglich Kulturfilme vor. Aber gerade deswegen blieb der erwartete geschäftliche Erfolg aus, und nach großen Opfern, die ihm nur zum Teil ersetzt wurden, ließ Teweles nach einigen Jahren die Lichtspiele im Landestheater sang- und klanglos wieder eingehen.»

Kafkas erregt flackerndes Stenogramm dieses Premierenabends erinnert an den tumultuarischen Alptraum von Paris. Und er rückt durch die Beimengung einer angstvollen Episode das Fräulein Oplatka in die Nähe eines Melodrams.

«Danzig» ist nur noch als Beschreibung, «Theodor Körner» hingegen ist als Film erhalten. «Danzig» gehorcht den «strengen Richtlinien» eines «genußreichen» Kulturfilms nach dem Geschmack von Herrn Teweles. Die Nacherzählung huldigt dem schwelgerisch-belehrenden Ton der Bildungsreise: «Danzig. Ganz nahe an der Mündung des mächtigen Weichselstromes, nur wenige Kilometer von jener Einbuchtung der Ostsee, welche die Danziger Bucht genannt wird, liegt die anmutige Stadt Danzig. Einst eine mächtige Hansestadt, ist sie auch heute, wo der große Weltverkehr sich mehr an der Nordsee abspielt, noch immer ein wichtiger Handelsplatz, und ihr Hafen, welcher bis in die Mitte der Stadt reicht, gehört zu den bedeutendsten des Deutschen Reiches. Aber auch in anderer Hinsicht ist Danzig recht bemerkenswert, speziell in Bezug auf Architektonik. Wenn wir, wie dies auf unserem Bilde geschieht, vom Turme des prächtigen gotischen Rathauses, welches aus dem 15. Jahrhundert stammt, einen Blick auf die Stadt werfen, so fällt uns vor allem die scharf mittelalterlich ausgebildete Bauart der privaten und öffentlichen Gebäude auf. Wir erblicken zahlreiche turmartige Häuser mit hohen, eng aneinandergestellten Fenstern und zierlichen, arabeskenartig emporstrebenden Dachspitzen: Speziell der Lange Markt, auf welchen wir herabblicken, bietet diese charakteristischen Eigenschaften in reinster Form. Unsere Besichtigung fortsetzend, gelangen wir hierauf zum sogenannten Krantor, einem wuchtigen gotischen Bau, hierauf zum Denkmale Kaiser Wilhelms I. vor dem Hohen

Tore. Es ist Abend geworden und wir gehen hinab zu den Ufern des Flusses Mottlau, wo wir die herrliche Farbenpracht der untergehenden Sonne, die sich in den Fluten spiegelt, bewundern. Zum Schlusse haben wir Gelegenheit, sowohl die Bewohner als solche bei der Ausübung ihrer Tätigkeit kennen zu lernen und beenden mit der Ansicht des ältesten Bauwerks Danzigs, des Bäcker-Werkhauses, unseren heutigen Rundgang, der in jeder Hinsicht interessant und genußreich war.» (Der Kinematograph, 1912)

Bei «Theodor Körner» handelt es sich um einen sentimental-reißerischen Film mit deutlich nationalistischer Tendenz: «Zum Sedanstage!!!» schallt es vom Plakat. Am 31. August des Jahres 1912 ist das eine kleine Sensation – mit anonymen Protagonisten. Spektakulär sind die wilden Reiterkunststücke, wie Kafka freudig vermerkt.

Das beliebige Beispiel oder Der Andere

Gespenstisches wird wohlvertraut.

Otto Pick, 1911, über Kafkas *Betrachtung*

In den folgenden Monaten sind keine Kinobesuche verzeichnet, wie ja Kafka überhaupt nur sehr sporadisch und kaum je systematisch über seine Kinobesuche schreibt.

Felice Bauer ist weniger in sein alltägliches Leben als in eine maßlose Korrespondenz mit ihm getreten. Sie empfängt während der nächsten Monate die wichtigsten Mitteilungen über seine abrupt wechselnden Regungen, seine Krisen, seine Glücksmomente. Kafka macht sie zu der großen Leinwand, auf die er seine zumeist nächtlichen Briefe in immer rascherer Abfolge projiziert. Ihr vor allem berichtet er über den Fortgang und die Schwierigkeiten des Schreibens an seinem Roman *Der Verschollene*, von der Entstehung und der ersten Lesung der *Verwandlung*, über seine Begeisterung für das jiddische Theater: *Das ganze Jargontheater ist schön, ich war voriges Jahr wohl 20 mal bei diesen Vorstellungen und im deutschen Theater vielleicht gar nicht.* (F 73) Neben der gestischen Zauberwelt des «Dramatisten» und «Verstellers» Jizchak Löwy und seiner Truppe war die Attraktion des neuen *Kinematographen* im Landestheater für Kafka größer als die des Theaters selbst: Der theaterabtrünnige Kinogeher bestätigt die schlimmsten Befürchtungen des geplagten Herrn Teweles. Immer besorgt, halb um Rat fragend, halb mit dieser Haltung spielend, weiht er Felice in alle Angelegenheiten seines Lebens ein: Er ist ganz offenbar und mit durchaus widerstrebenden Gefühlen verliebt, und das Aufregendste an dieser hochgespannten, panischen Verliebtheit ist wohl, daß man der Geliebten so viel schreiben und von ihr mit sanftem Druck erwarten und fordern kann, es ihm gleichzutun.

Der anhaltende Reiz und die starke Irritation dieser Briefe – wir besitzen ja nur *seine* Briefe *an sie* – ist gewiß auch darin zu sehen, daß unterschiedslos und mit nicht nachlassender Intensität (Selbst-)Zweifel und Hoffnungen, Großes und Kleines, Arbeit, Schreiben und Tagträume durcheinander gemischt werden; ein unaufhörliches Erzählen, eine «projektive» Beanspru-

chung des anderen mit wichtigen Nichtigkeiten nimmt den Leser gefangen, immer grundiert von der beredten Angst des Schreibers, ihr zuviel zuzumuten und dennoch von weiteren Zumutungen nicht absehen zu können: *Ich komme mir vor, als stünde ich vor einer abgesperrten Tür, hinter der Du wohnst und die sich niemals öffnen wird. Nur durch Klopfen gibt es eine Verständigung, und nun ist es hinter der Tür auch noch still geworden. Eines aber kann ich (bin ich aber nervös! in meinem Tintenfaß ist wenig Tinte und es ist deshalb gegen eine Zündhölzchenschachtel gestützt, nun ist es beim raschen Eintauchen der Feder von der Schachtel abgeglitten – mich aber hat es vom Kopf bis zu den Füßen durchzuckt und beide Hände sind mir in die Höhe geflogen, als hätte ich jemanden um Gnade zu bitten) eines kann ich, das ist – warten, so sehr gerade die eingeklammerte Nervosität dem zu widersprechen scheint. Ungeduld ist für mich nur Zeitvertreib des Wartens.* (F 324)

Nach der ungewöhnlich schöpferischen Phase im Herbst 1912 läßt im neuen Jahr Kafkas Schaffenskraft fast schlagartig nach. Als Felice ihn einmal nach seinen Plänen und Aussichten befragt, bekennt er freimütig und fast ein wenig verblüfft: *Ich habe über die Frage gestaunt... Ich habe natürlich gar keine Pläne, gar keine Aussichten, in die Zukunft gehen kann ich nicht, in die Zukunft stürzen, in die Zukunft mich wälzen, in die Zukunft stolpern, das kann ich und am besten kann ich liegen bleiben. Aber Pläne und Aussichten habe ich wahrhaftig keine, geht es mir gut, bin ich ganz von der Gegenwart erfüllt, geht es mir schlecht, verfluche ich schon die Gegenwart, wie erst die Zukunft!* (F 320) Abwehr in Panik nennt Elias Canetti diese sehr rhetorische Einlassung.

In diesem Zustand einer bloß *scheinbaren Wiedergeburt* am Schreiben gehindert und diese Selbstbehinderung beschreibend, umkreist er ängstlich flatternd mit nächtlichen Episteln Felice in Berlin. Er will sie in einer paradoxen Bewegung von sich, von seiner Person abstoßen – und braucht dafür den täglichen Briefwechsel. In ausführlicher Anspielung nicht nur auf den Titel seiner *kleinen Geschichte* – gemeint ist *Die Verwandlung* – stellt er sich selbst als *verabscheuenswert* und *widerlich* dar: *Ich bin ein anderer Mensch, als ich es in den ersten 2 Monaten unseres Briefwechsels war, es ist keine neue Verwandlung, sondern eine Rückverwandlung und wohl eine dauernde. Wenn Du Dich zu jenem Menschen hingezogen fühltest, mußt Du, mußt Du den heutigen verabscheuen... Die Tatsache, daß dieser heutige in allem so veränderte Mensch unverändert und begreiflicher Weise eher noch schwerer als früher an Dir hängt, muß, wenn Du es Dir klarmachst, von Dir aus gesehn seine Widerlichkeit noch steigern.* (F 324 f.)

Und schon im Brief der nächsten Nacht zitiert er ein, wie er sagt, *beliebiges Beispiel* herbei, welches seinen elenden, zwischen *etwas* und *Nichtsein* schwebenden Zustand illustrieren soll. Er ist am Abend des 4. März 1913 zusammen mit seinen Freunden – unter ihnen auch Elsa (Taussig, jetzt Brod), der er vor fünf Jahren so nachdrücklich zwei kleine Sketche im Kino «Orient» anempfohlen hatte – durch die Prager Innenstadt gebummelt und vor einem Kinosaal hängengeblieben. Der dort angekündigte Film ist in vieler Hinsicht dazu angetan, seine Neugierde zu erregen. Es sind die Verleihbilder zu dem Film «Der Andere».

Unversehens gerät ihm die eingehendere Betrachtung zu einer *Augenblicksaufnahme seiner selbst*, seiner gesamten gegenwärtigen, elenden Verfassung und *schiefen Menschenbeurteilung*: *Um es Dir an einem beliebigen Beispiel zu zeigen: Im Vorraum des Kinematographentheaters, in dem ich heute abend mit Max und seiner Frau und Weltsch gewesen bin (das erinnert mich daran, daß schon bald 2 Uhr ist), hängt eine Anzahl von Photographien aus dem Film «Der Andere». Du hast gewiß von ihm gelesen, Bassermann spielt darin, er wird nächste Woche auch hier gezeigt werden. Auf einem Plakat, wo B. allein im Lehnstuhl abgebildet war, hat er mich wieder ergriffen, wie damals in Berlin und wen ich nur gerade fassen konnte, Max oder seine Frau oder Weltsch, den zog ich zum allgemeinen Überdruß immer wieder vor dieses Plakat.* (F 325)

Der Bassermann, der ihn *wie damals in Berlin* jetzt wieder ergreift, war der Protagonist einer denkwürdigen Hamlet-Aufführung, die im November 1910 im Deutschen Theater stattfand und von der Kafka – in einer Postkarte an Brod – nicht weniger hingerissen war als der meist skeptische Theaterkritiker Alfred Kerr.

In diesem Hamlet erstrahlt Baudelaires «Lüster» besonders hell. Kerr wie Kafka schienen von dieser Inszenierung gleichermaßen ergriffen. Kerr schreibt: «Alles Gedankliche ist zur größten Schärfe herausgearbeitet, der Monolog ‹Sein oder Nichtsein› bei aller Ruhe des Vortrags von einschneidender Eindringlichkeit in der Sonderung der Gegensätze, und wenn dem Darsteller auch ein- oder zweimal das Wort des Textes entglitt: der Sinn trat überall mit einer Blankheit zutage, daß der geistige Gehalt der Rede geradezu ins Publikum hineinleuchtete. In seiner [Bassermanns] Auffassung lag etwas innerlich Erlebtes, das sich dem Publikum mitteilte und Widerhall in ehrlichen Beifallsausbrüchen fand.» (Vossische Zeitung, 6.11.1910)

Blankheit – hineinleuchtete – innerlich Erlebtes – mitteilte – Widerhall

Albert Bassermann in «Der Andere»

– Beifallsausbrüche: Alfred Kerr souffliert die Stichworte, die Kafka vier Wochen später aufgreift und begeistert, ja fast entgeistert in einer hastigen Postkarte dem Freund nach Prag schickt: *Max, ich habe eine Hamletaufführung gesehn oder besser den Bassermann gehört. Ganze Viertelstunden hatte ich bei Gott das Gesicht eines andern Menschen, von Zeit zu Zeit mußte ich von der Bühne weg in eine leere Loge schauen, um in Ordnung zu kommen.* (Br 84)

Tatsächlich ist Bassermann dem Publikum in dieser Aufführung ungewöhnlich nahegerückt: «Der Orchesterraum war zum großen Teile überdeckt, so daß das Spiel», wie Kerr kritisch vermerkt, «aus dem Rahmen der Bühne herausdrängen und sich zeitweilig zwischen den Proszeniumslogen entfalten konnte, und in den nicht überdeckten Orchesterraum führten Treppen hinab, auf denen die Schauspieler mehrfach auftauchten und ver-

Albert Bassermann als Hamlet

schwanden, so daß sie sich zwischen Höhe und Tiefe, zwischen Souterrain und Oberbau, zwischen Abgrund und Hügel zu bewegen schienen.»

Im Bann dieser Erinnerung an den Berliner Hamlet tritt Kafka näher an die ausgehängten Standbilder heran und ist sogleich ernüchtert: *Vor den Photographien schwächte sich schon meine Freude ab, es war doch zu sehn, daß es ein elendes Stück war, in dem er spielte, die aufgenommenen Situationen waren doch alte Filmerfindungen und schließlich sind Augenblicksaufnahmen eines springenden Pferdes fast immer schön, während Augenblicksaufnahmen einer verbrecherischen menschlichen Grimasse, selbst wenn es die Grimasse Bassermanns ist, leicht nichtssagend sein können.* (F 325 f.)

Kafka suggeriert Felice, er entziffere den angekündigten Film allein anhand der ausgestellten Photographien *(Augenblicksaufnahmen)* und könne daraus die Machart und das *leicht Nichtssagende* des Ganzen erkennen. Er verschweigt aber eine Quelle, aus der er gut fünf Wochen zuvor bereits hat schöpfen können und die seinem kritischen Auge verraten hat, was ihn bei diesem Film erwarten würde.

Am 30. Januar war in der «Bohemia» ein kleiner Artikel von Albert Bassermann nachgedruckt, in dem der Schauspieler und «gestaltende Künstler» aus Anlaß des Films «Der Andere» – und in Erwiderung auf den Kritiker Chon-Wiener – seine Beobachtungen über den «Kinodarsteller und Bühnenkünstler», so der Titel, zusammenfaßte:

«Für den Kinodarsteller gibt es durchaus keine anderen Ausdrucksbedingungen, als für den Bühnenkünstler. Er hat nur, wenn seine Figur in genügender Größe und Deutlichkeit auf der weißen Fläche erscheinen soll, darauf Rücksicht zu nehmen, daß er für das dann verhältnismäßig kleine Gesichtsfeld des Objektivs zu spielen hat. Es sind also lediglich kleine technische Behelfe, die er sich anzueignen hat, wie etwa: ausgiebiger Gebrauch des Auges, etwas mehr Ruhe in den Gesten und Mäßigung im Bewegen der Lippen. Der Film kann, genau so wie die Bühne, realistische und stilisierte Dramen zur Darstellung bringen. Es ist aber ein Unding, die Stilisierung der Geste und der Mimik als eine allgemeine Forderung für den Kino aufzustellen. Wer die Entwicklung der Kinospielerei verfolgt hat, muß doch unschwer bemerkt haben, wie viel einfacher, natürlicher und darum ungemein wirksamer die Darsteller geworden sind, sobald es sich um Dramen aus dem Leben handelt.

Gewiß ist die Hauptbedingung für das Kinodrama die Aktion. Aber seit wann sind denn seelische Vorgänge keine Aktion? Man kann sich auf den

Kino natürlich nicht in langen Betrachtungen über irgendwelche Fragen ergehen, aber man kann Schmerz, Freude, Verzweiflung, Gram, Kummer, Niedergeschlagenheit, Liebe usw. genau so bringen, wie im Leben. Herr Dr. Chon-Wiener scheint noch recht wenige gute Filme gesehen zu haben: er redet wie der Blinde von der Farbe. Sache des Filmdramatikers ist es, Situationen zu erdichten, die sich mit möglichst wenig Text verständlich geben. Bei ihm kann man also von veränderten Bedingungen im Vergleich mit dem Bühnendramatiker reden, beim Kinodarsteller aber in keiner Weise. Er hat sich, unter Wahrung der kleinen technischen Behelfe, die ich oben genannt habe, genau so zu geben, wie auf der Bühne. Eher noch diskreter!»

Bassermann greift bei seinen Anweisungen auf das Vorbild der sarkastischen, rhetorischen Direktiven Hamlets an die drei Schauspieler zurück. Er formuliert seine Gebote zwar erheblich moderater als dieser, doch sollen sie gleichwohl zwei schwer miteinander zu vereinbarende Bedingungen befriedigen: für das kleine Gesichtsfeld des Kameraobjektivs *und* für die Bühne zu spielen. Bassermann aber reduziert das Problem auf «technische Behelfe», was Sache nicht nur des Schauspielers, sondern auch einer eigenen Filmdramaturgie sein müßte – und unterstellt, daß genau dies beim «Anderen» der Fall sei. Für Kafka stellt sich, angesichts der *Augenblicksaufnahmen* im Vorraum, Bassermanns Kinospielerei als *leicht nichtssagend* dar. Erstaunlicherweise «sieht» er aber auch, daß es sich bei dem Film um ein *elendes Stück* handeln würde. Er ruft sich nicht nur dessen Hamlet, sondern auch, als *gieriger Zeitungsleser* (F 335), jenen obenzitierten Artikel ins Gedächtnis. Dieser stand in der «Bohemia» unter der Spalte «Theater und Kunst» direkt neben der allerersten – und begeisterten – Rezension seines Buches *Betrachtung*, verfaßt von dem Prager Journalisten und Lyriker Otto Pick. Kafka fand diese Besprechung seinerzeit zwar *übertrieben lobend* (F 279), doch schreibt Pick durchaus hellsichtig: «Diese neue Art von Betrachter, wie sie Kafka restlos, daher unnachahmbar repräsentiert, sieht niemals die Dinge an sich und auch nicht ihren Schein: Die Begriffe verschieben sich, Alltägliches wächst zum Außerordentlichen, Gespenstisches wird wohlvertraut.»

Kafkas Ernüchterung vor den Photographien entspringt also nicht nur, wie er Felice suggeriert, der unmittelbaren Anschauung, sondern zwei weiter zurückliegenden und jetzt, im Vorraum des Kinos, zur Deckung kommenden Erinnerungsbildern: der mit Hamlet nur spielenden Erörterung Bassermanns über Theater und Kino sowie jener die Jahre überstrahlenden *Hamlet*-Nacht im Deutschen Theater zu Berlin.

Ulrich Rauscher hat in der Frankfurter Zeitung vom 6. Februar 1913 einen Verriß geschrieben, dessen Pointe allerdings die Apotheose von Bassermanns Spiel ist: «Albert Bassermann freute sich sichtlich dieser Virtuosenaufgabe. Ich kann nicht finden, daß er sich durch den Seitensprung in den Kintop etwas vergeben hätte. Die Umwandlung des einen in den ‹Andern› war schauerlich wahr, nicht dank, sondern trotz Lindau. Diese Fähigkeit, aus einem Menschen in den andern sich zu wandeln, unter schmerzhaften Ruck- und Zuckungen, wie eine Schmetterlingspuppe, die sich schmerzhaft der Hülle entledigt, ist etwas so Erschreckendes, wie ich es im Menschlichen kaum je gesehen habe. Das Größte war natürlich Bassermanns eigenste Schöpfung: wenn er merkt, etwas sei mit ihm nicht richtig, wenn aus jedem Wort der Umgebung etwas unfaßbar Schauerliches sich ankündigt, wenn er sich von unsichtbaren Geistern umstanden fühlt, zuerst unsicher lächelt, ernst wird, verstummt, auffährt und schließlich wie ein getroffenes, zerbrochenes Menschenwesen zusammenstürzt: es gibt für die Sprache des Leibes, im Film und auf der Bühne, nur einen Gott, und Bassermann ist sein Prophet!»

Vor der Folie dieser Bilder und dieses Textes wird nicht nur Bassermanns *Grimasse*, sondern auch er selbst *leicht nichtssagend*. Und Kafka nimmt Bassermann – den «B.» der kleinen Betrachtung über Kino und Theater – durchaus beim Wort, er folgt dessen Text, in dem das Wort *Betrachtung* wie aus der parallelen Kolumne der «Bohemia» herbeigerufen erscheint: «Man kann sich auf den Kino natürlich nicht in langen Betrachtungen über irgendwelche Fragen ergehen, aber man kann Schmerz, Freude, Verzweiflung, Gram, Kummer, Niedergeschlagenheit, Liebe usw. genau so bringen, wie im Leben.» Er spürt hinter diesen Worten her wie «hinter der kleinen Lampe der Logenschließerin» (Bazin) und konstatiert enttäuscht: *B. hat sich also, sagte ich mir, wenigstens in diesem Stück zu etwas hergegeben, das seiner nicht würdig ist.* Mit anderen Worten: das *Kafkas Erinnerung* an Bassermann als Hamlet nicht würdig ist. Gleichwohl räumt er ein, daß – ganz wie Bassermann selbst behauptet hatte – *er das Stück doch durchlebt* hat, *die Erregung der Handlung vom Anfang bis zum Ende in seinem Herzen getragen und was ein solcher Mensch erlebt hat ... bedingungslos liebenswert* ist.

Doch offenbar hat Bassermann die Darstellung der «seelischen Vorgänge» im Film (Kinodrama) schlichtweg aus seiner Theaterpraxis und mit Hamlets Autorität im Rücken übernommen, in der Hoffnung, den skeptischen Zuschauer Dr. Chon-Wiener und den zweifelnden Betrachter Dr. Kafka nicht nur von der Gültigkeit seiner These, sondern auch von der Plausibilität seiner Kinospielerei zu überzeugen.

Von Chon-Wiener wissen wir nicht, wie er Bassermanns Intervention in eigener Sache aufgenommen hat, von Kafka hingegen ist überliefert, daß er mit seinen Bassermann-Erinnerungen ringend dessen Erklärungen einer weiteren Prüfung unterzieht, woraus sich unter der Hand eine noch weitergehende Selbstprüfung entwickelt. Der Film, der seine «nächtlichen Wachträume wie ein Komet durchzieht» (Bazin), verfolgt ihn auf dem Nachhauseweg bis vor das Haustor: *Als ich aber vor einer Weile unten auf das Öffnen des Haustores wartete und in der Nacht herumsah, bemitleidete ich in der Erinnerung an jene Photographien den B., als wäre er der unglücklichste Mensch. Der Selbstgenuß des Spieles ist vorüber, stellte ich mir vor, der Film ist fertig, B. selbst ist von jedem Einfluß auf ihn ausgeschlossen, er muß nicht einmal einsehn, daß er sich hat mißbrauchen lassen und doch kann ihm in der Betrachtung des Films die äußerste Nutzlosigkeit des Aufwandes aller seiner großen Kräfte bewußt werden und – ich übertreibe mein Mitleidgefühl nicht – er wird älter, schwach, in seinem Lehnstuhl zur Seite geschoben und versinkt irgendwo in der grauen Zeit.* (F 326)

Kafka «korrigiert» Bassermanns Attitüde. Er will weder die Grimasse neben dem strahlenden Hamlet noch die in der «Bohemia» als Betrachtung getarnte Rechtfertigung gelten lassen. Damals, im Theater, ist der *Selbstgenuß des Spieles* jubelnd von den «ehrlichen Beifallsausbrüchen des Publikums» belohnt worden: von der Erinnerung verewigte Augenblicksaufnahmen der unmittelbaren Kommunikation zwischen Akteur und Zuschauer.

Heute, vor den Photographien, offenbart sich nur *die äußerste Nutzlosigkeit des Aufwandes*, die zu nichts anderem als zu *alten Filmerfindungen* geführt hat.

Und plötzlich, als wolle er seiner eigenen Analyse nicht glauben, als würde er sich an dem verehrten Bassermann mit dieser harschen Kritik in Gedanken versündigen, wendet er die ganze Schärfe dieser Einsicht gegen sich selbst und gibt der perplexen Felice zu verstehen, daß er allein als jener *unglücklichste Mensch* anzusehen ist, und daß alles, was er an *Betrachtung des Films* geäußert hat, dem «Anderen» lediglich angedichtet ist und in Wahrheit allein auf ihn selbst zutrifft. Das *beliebige*, Felice vor Augen geführte *Beispiel* war also nur ein – willkommener? taktischer? epistolarischer? – Vorwand, hinter dem das Drama seiner eigenen Misere schließlich unverhüllt zum Vorschein kommt. Bei der Beschreibung der Filmbilder hat er – nicht unähnlich dem Verfahren der weißen Sklavin alias Alice Rehberger – die eigene Befindlichkeit bis fast zum Ende des Briefes aufgespart, um sie dann mit Eklat zu präsentieren: *Wie falsch! Hier steckt eben der Fehler meiner Beurteilung. Auch nach Fertigstellung des Films geht Bassermann als Bassermann und als keiner sonst nachhause.* (Kafka ist ja, wie er bereits angedeutet hat, durchaus verändert nach Hause gegangen.) *Wenn er sich einmal aufheben wird, wird er sich eben ganz aufheben und nicht mehr dasein, aber nicht wie ich es tue und jedem es andichten möchte, mich immerfort umfliegen wie ein Vogel, der durch irgendeinen Fluch von seinem Neste abgehalten, dieses gänzlich leere Nest immerfort umfliegt und niemals aus den Augen läßt.* Und ganz am Ende, nachdem diese schockierende Selbstbezichtigung ausgesprochen ist, die letzte Verwandlung; als probe er einen eigenen Hamlet-Ton, spricht er in süßen Worten zu Ophelia: *Gute Nacht, Liebste. Darf ich Dich küssen, darf ich den wirklichen Körper umarmen?* (F 326)

Zehn Tage später erwähnt Kafka, daß er den von der Kritik* stark be-

---

* «Der Bassermann-Film. – Eine Menge Schriftsteller-Films stehen uns bevor. ‹Der Andere› von Paul Lindau behandelt, wie bekannt, das Problem eines krankhaften Doppellebens. Ein Staatsanwalt, der in nächtigen Stunden zum Einbrecher wird, ohne daß seine zwei Bewußtseins sich kennen … Ein Sturz vom Pferd hat den Staatsanwalt krank gemacht. Er schleicht nachts in die Kaschemmen und bricht mit Verbrechern in die eigene Wohnung ein, ohne nachher auch nur noch einen Schritt zu wissen. Ein Thema, das sich zum Roman eignet, vielleicht auch zum Drama, aber bestimmt nicht zum Film. Der Roman wird es mit all den epischen Möglichkeiten, Situationen auszuschöpfen, bewältigen, das Drama, dessen Akte die Fäden von vorwärts und rückwärts bloßlegen können, wird schon allein durch die Sprechtonunterschiede des Staatsanwaltes und des Verbrechers glaubhaft wirken können: der Film aber, der einen Sturz vom Gaul zeigt und dann auf einmal einen Menschen, dessen gescheites Gesicht sich zur Verbrechermaske verzerrt, gibt

achteten Bassermann-Film gesehen habe – er widerruft seinen ersten, anhand der Photographien gewonnenen Eindruck des *Films* nicht, doch scheint ihm der Kinobesuch behagt und mit dem einst vergötterten Bassermann wieder versöhnt zu haben. *Heute abend, nachdem ich ein wenig geschlafen hatte und Bassermann mich ein wenig verwandelt hatte, war mir sogar manchmal sehr wohl und wir – ich und Felix [Weltsch] – haben heute gut zueinander gepaßt. Von Bassermann könnte ich Dir sehr viel erzählen, so elend das Stück ist, und so sehr Bassermann darin mißbraucht wird und sich selbst mißbraucht. – Gute Nacht, Liebste, und schönen Sonntag. Ich lege Grüße für Deinen Papa in Deine Augen.* (F 338)

---

das nur rein Tatsächliche, ohne die feineren Begründungen, er zeigt und überzeugt nicht. Außerdem ist das Lindausche Opus ein sehr schlechter Film. Textangaben ersetzen für das Auge wichtige Vorgänge, die Exposition hat mit dem eigentlichen Problem gar nichts zu tun, der Film fängt zu früh an, und dann fehlt die Zeit, wichtige Episoden der Haupthandlung auszubreiten. Daß der Staatsanwalt einmal ein harmlos glücklicher Mensch war, glauben wir oder kann uns sehr rasch gezeigt werden, ohne daß daran ein ganzer Akt verschwendet wird. Wichtig aber war, zu zeigen, wie er sich körperlich langsam von dem Sturz erholt und wie zum ersten Male die dunkle Attacke seines zweiten Ichs ihn anfällt, wie er dagegen kämpft wie gegen ein körperliches Übelbefinden und schließlich unterliegt. Statt das Problem des ‹Andern› mit allen Mitteln zu motivieren, wird eine gänzlich zufällige Nebenhandlung mit großem Aufwand durchgeführt: ein Dienstmädchen der heimlich Geliebten des Staatsanwalts kommt in den ungerechten Verdacht des Diebstahls, wird entlassen, muß Kellnerin in eben der vom Staatsanwalt besuchten Kaschemme werden und ihn durch handgreifliche Beweise schließlich von seinem Doppelleben überzeugen. ‹Der Andere› von Lindau ist im schlimmsten Sinne gedanken-los, ein Fiasko bösester Sorte des Schriftsteller-Films.» (Ulrich Rauscher, 1913)

Eine unsichtbare Sehenswürdigkeit oder Die Herzensbrecherin

Unerschöpfliche Quellen hat die aufrichtige, tiefe und keusche Liebe.

Aus dem Verleihprospekt zur «Herzensbrecherin»

In der Nacht vor dem Kinobesuch, also in der Nacht vom 13. auf den 14. März 1913, schreibt Kafka einen verzagten Brief an Felice, in dem er seine schwache Hoffnung bekundet, der unter seinen Selbstbezichtigungen leidenden Berliner Korrespondentin möge es wieder etwas besser gehen. Und nebenher, wie es immer wieder vorkommt, schreibt er auch über das Schreiben. *Ist man schon ruhiger? Zieht das Leid ab? Nach dem heutigen Brief könnte man es glauben und recht wäre es mir schon, aber mir fehlt das Zutrauen. Lesen kannst Du nicht? Das ist kein Wunder. Wann hättest Du denn Zeit dazu? … Liebste, wie kommst Du zu Uriel Acosta? Ich kenne das Stück auch nicht und ich dächte, ich könnte es auch nicht lesen, trotzdem bei mir wahr ist, was Du zum Spaß von Deinem Gehirn sagst. Aber vielleicht muß so ein Gehirn eintrocknen und hart werden, damit man einmal zu seiner Zeit einen Funken daraus schlagen kann. – Das wollte ich schreiben, als meine Schwester, ich saß allein im Wohnzimmer, läutete, sie war aus dem Kinematographentheater nachhause gekommen und ich mußte ihr öffnen gehn. Nun war ich gestört und ließ den Brief. Die Schwester erzählte von der Vorstellung oder vielmehr ich fragte sie aus, denn, wenn ich auch selbst nur sehr selten ins Kinematographentheater gehe, so weiß ich doch meistens fast alle Wochenprogramme aller Kinematographen auswendig. Meine Zerstreutheit, mein Vergnügungsbedürfnis sättigt sich an den Plakaten von meinem gewöhnlichen innerlichsten Unbehagen, von diesem Gefühl des ewig Provisorischen ruhe ich mich vor den Plakaten aus, immer wenn ich von den Sommerfrischen, die ja schließlich doch unbefriedigend ausgegangen waren, in die Stadt zurückkam, hatte ich eine Gier nach den Plakaten und von der Elektrischen, mit der ich nachhause fuhr, las ich im Fluge, bruchstückweise, angestrengt die Plakate ab, an denen wir vorüberfuhren.*

Er blättert in der Stadt. Die Bewegung der Hand wird von der *Elektrischen* übernommen und auf die Augen übertragen. Sein Hunger nach Bildern – tags zuvor hatte er in einem kleinen Briefchen von seiner *angesammelten Gier nach Zeitschriften* berichtet – läßt ihn die Plakate wie Standarten im Flug erobern; wohin er sie in seinem Fundus verräumt und versteckt, bleibt sein Geheimnis. Nur ganz selten, wie im November 1915, taucht schemenhaft – im *Halbschlaf* – ein solches Plakat auf.

Nach dieser elektrischen Flanierfahrt durch Prag zieht er einen *Gedankenstrich* auf das Briefpapier – und schon drängt es ihn, von einer ganz anderen Kinophantasie ergriffen, mit seinem Schreiben, das er im Brief vom 3./4. März noch als ein *Klopfen an einer abgesperrten Tür* charakterisiert hatte, die Berliner Festung – den Kinopalast «Felice» – *wie eine Volksmenge* zu stürmen: *Manchmal, ich weiß nicht, welches der Grund ist, drängt sich mir besonders stark alles auf, was ich Dir zu sagen habe, wie eine Volksmenge, die gleichzeitig in eine enge Tür hineinkommen will. Und ich habe Dir gar nichts gesagt und weniger als nichts, denn was ich in der letzten Zeit geschrieben habe, war falsch, nicht bis zum Grund natürlich, denn im Grunde ist alles richtig, aber wer kann durch diese Verwirrung und Falschheit an der Oberfläche hindurchsehn? Kannst du es, Liebste? Nein, gewiß nicht. Aber lassen wir es jetzt, es ist schon spät. Die Schwester hat mich aufgehalten. «La broyeuse de cœurs» wurde gespielt, die Herzensbrecherin.* (F 336)

Die Schwester hat ihn nicht so sehr aufgehalten, sondern er selbst hat sich durch seine Neugierde vollgesogen mit Bildern und dadurch offenbar seiner Phantasie so mächtige Schübe versetzt, daß sie ihn weit über die bloße Niederschrift dieser – durchaus willkommenen – Unterbrechung hinaustragen. Bemerkenswert nur, daß Kafka, der seiner Berliner Korrespondentin in der Regel alles mitteilt, was ihm tagsüber widerfahren ist, ihr *nicht* mitteilt, *was* die Schwester ihm erzählt hat.

Da Kafka auch uns die Nacherzählung des Films durch seine Schwester vorenthalten hat, müssen wir uns mit der Darstellung eines anonymen Autors begnügen: «Pierre de Brézeux hat alles, um glücklich zu sein. Er ist mit einem bezaubernden Mädchen verlobt, das er anbetet und von dem er geliebt wird. Im Verlauf einer vom Cercle Royal organisierten Theaterprobe trifft Pierre zum ersten Mal Ida Bianca, die für ihren aufreizenden Tanz berühmt ist. Beunruhigt über die seltsamen Gemütsaufwallungen, die er in der Nähe dieser Zauberin verspürt, ihre körperlichen Formen sind makellos, versucht Pierre in einer Minute der Einkehr sich dem Bann ihrer Sinne zu entziehen. Aber er kann dem Sog ihrer Sinne nicht widerstehen. Er schreibt,

Im Halbschlaf lange Esther gesehn, die sich mit der Leidenschaft, die sie meinem Eindruck nach für alles Geistige zu haben scheint, in den Knoten eines Seiles festgebissen hatte und mächtig hin und her im leeren Raum geschwungen wurde wie ein Glockenschlägel (Erinnerung an ein Kinoplakat), notiert Kafka am 1. November 1915 im Tagebuch. Wir dürfen spekulieren – und etwas anderes wäre im Hinblick auf die Kinematographie ohnehin unangemessen –, ob es sich bei dieser Erinnerung an ein Kinoplakat um eine amerikanische bzw. englische Filmballade mit dem Titel «The Curfew Bell» handelt. Das Thema geht auf die gleichnamige Ballade von Rose Hartwick Thorpe (1850–1939) zurück, die sie nach der anonymen Geschichte «Love and Loyalty» in einer Detroiter Tageszeitung als junges Mädchen veröffentlicht hatte. Die Ballade handelt von einem jungen Engländer, der in Amerika als Spion verhaftet und zum Tode verurteilt wird; das Urteil soll beim Abendläuten (curfew) vollstreckt werden. Seine Geliebte rettet ihn, indem sie sich an den Klöppel der Abendglocke klammert: «Still the maiden clung more firmly, and with trembling lips and white. / Said, to hush her heart's wild beating, ‹Curfew shall not ring tonight›.»

kaum hat er von Ida die Verabredung für ein Rendezvous erhalten, seiner Verlobten Marthe, eine dringende Angelegenheit hindere ihn, sie zu besuchen. An einem Cafétisch im Bois de Boulogne amüsieren sich Pierre und Ida aufs beste. Plötzlich stehen zwei Frauen vor ihnen: Marthe und ihre Mutter. Pierre erbleicht und stößt einige unverständliche Entschuldigungen

C'EST LE 2 MAI
que la célèbre Marque
FILM "VALETTA"
donnera son nouveau chef-d'œuvre

LA BROYEUSE DE CŒURS

Interprété
PAR
MLLE LÉONTINE MASSARD
de l'AMBIGU

PATHÉ FRÈRES
ÉDITEURS

Exploitants DEMANDEZ à notre OFFICE DE LOCATION
104, rue de Paris, VINCENNES
La NOTICE EXPLICATIVE ILLUSTRÉE
(Format Journal) tirée à 200.000 Exemplaires

«Die Herzensbrecherin»

Léontine Massard in der «Herzensbrecherin»

hervor. Marthe, in ihrer Würde verletzt und schmerzlich berührt von Pierres Verrat, lehnt es ab, ihren Verlobten wiederzusehen. Und Pierre, der im Tiefsten seines Herzens Marthe immer noch liebt, wird zum Spielzeug der verführerischen Ida. Von Eifersucht zerfressen, sieht Brézeux unter Qualen, wie ein Torero, der berühmte Nuovita, Ida mit Liebesbezeugungen überschüttet, und wie sie damit spielt, diese leichte Beute verrückt zu machen – mit dem Ziel, den Geliebten noch stärker an sich zu binden. Nuovita schreibt im Taumel der Leidenschaft an Ida, daß er im Stierkampf den Tod suchen werde, falls sie ihm nicht willfährig sei. Ein Veilchenstrauß an ihrem Busen soll das Hoffnungszeichen sein. Pierre jedoch, der in Idas Abwesenheit den Brief entgegengenommen hat, vergißt, die Botschaft weiterzugeben, und diese Unterlassung hat den Tod Nuovitas zur Folge. Er stürzt sich, seiner

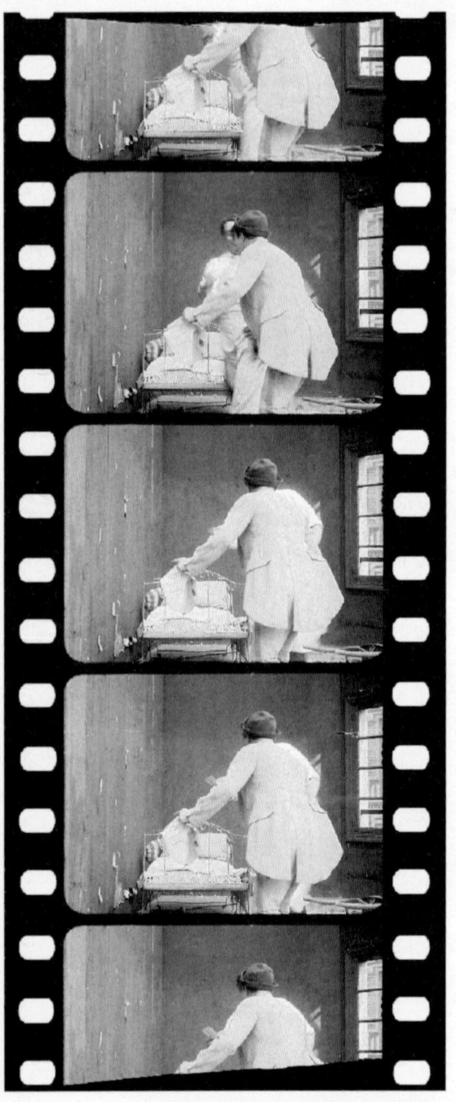

Kleiner Bildabfall aus dem Labor der Cinémathèque Française, in der Vincent Pinel die «Herzensbrecherin» restauriert hat.

Hoffnung beraubt, dem Stier in die Hörner. Pierre und Ida, von diesem Drama erschüttert, begreifen angesichts ihres unfreiwilligen Verbrechens die Brüchigkeit ihrer Leidenschaft und trennen sich. Unerschöpfliche Quellen hat die aufrichtige, tiefe und keusche Liebe. Marthe zögert nicht, demjenigen verzeihend die Stirn zu küssen, den zu lieben sie nie aufgehört hatte.»

Nachdem er Felice am Ende des Ausflugs durch das plakatverstellte Prag trotz seiner offenkundigen großen Erregung lediglich den Titel des Films mitteilt, macht er ihr einen eigenartigen Vorschlag. Er bereichert damit die bereits zum kleinen Terror gesteigerte briefliche Intimität um eine erstaunliche Variante, bedenkt man den Stellenwert, den für ihn das Tagebuch seit Jahren einnimmt. In diesen Vorschlag eingewoben ist auch eine auf sich selbst bezogene *heilsame und erzieherische* Rechtfertigung für die signifikante Auslassung, die Unterbrechung, die Leerstelle – die Nacherzählung der Schwester – in der ersten Hälfte des Briefes.

Seit über sechs Monaten haben die beiden sich nicht gesehen, aber fast täglich einander geschrieben. Und dann wirft er einen Vorschlag wie einen Köder aus: *Wie wäre es, Liebste, wenn ich Dir statt Briefe – Tagebuchblätter schicken würde? Ich entbehre es, daß ich kein Tagebuch führe**, *so wenig und so nichtiges auch*

* Tatsächlich findet sich in dem Zeitraum zwischen dem 28. Februar und dem 2. Mai 1913 keine Tagebucheintragung.

geschieht und nichtig ich alles auch hinnehme. Aber ein Tagebuch, das Du nicht kennen würdest, wäre keines für mich. Und die Veränderungen und Auslassungen, die ein für Dich bestimmtes Tagebuch haben müßte, wären für mich gewiß nur heilsam und erzieherisch. Bist Du einverstanden? Der Unterschied gegenüber den Briefen wird der sein, daß die Tagebuchblätter vielleicht manchmal inhaltsreicher, gewiß aber immer noch langweiliger und noch roher sein werden als es die Briefe sind. Aber fürchte Dich nicht allzusehr, die Liebe zu Dir wird ihnen nicht fehlen. (F 336)

„Liebliche kleine Dingerchen“

aus der Operette „Die Kino-Königin“
von Georg Okonkowski u. Julius Freund
Musik von

Jean Gilbert

Bühnenverlag
Ahn & Simrock, G.m.b.H. Berlin.

Preis M. 1.50 no

C. G. RÖDER, G.M.B.H. LEIPZIG.

Die Kino-Königin

> Operette (lat.)... in neuster Zeit die burleske oder Karikaturoper, in der die Handlung nicht nur scherzhaft, sondern niedrig komisch oder parodistisch, in der auch die Musik jeden ernsthaften Affekt vermeidet.
>
> Meyers Großes Konversations-Lexikon, 1906

Der von Bassermann *ein wenig verwandelte* Kafka äußert Mitte März 1913 den ambivalenten Wunsch, Felice in Berlin wiederzusehen – nach sieben Monaten zum ersten Mal und durch die Briefe fast *Brust an Brust* gerückt. Er arrangiert die Reisevorbereitungen und die Reise aber so umständlich und konfus, daß er, im Askanischen Hof in Berlin angekommen, gute vier Stunden auf dem Kanapee liegend auf eine Nachricht von ihr wartet. Er hatte Felice bis zum Schluß im unklaren darüber gelassen, ob er wirklich eintreffen würde. Es kommt schließlich, wahrscheinlich am 24. März, zu zwei kürzeren, wenig erquicklichen Begegnungen.

Möglicherweise geht er am Abend des 23. März – allein – ins Operettentheater. Man mag darin, selbst wenn dieser Besuch von ihr empfohlen worden sein sollte, eine Art sympathetischer Fühlungnahme sehen, als suche der «Korrespondent» ihm gewogene, symbolische «Korrespondenzen».

Felice hatte ihm während ihrer ersten Begegnung im September 1912 von ihrem Besuch der Operette «Autoliebchen» von Jean Gilbert erzählt, wie wir aus Kafkas ausführlichem Brief einen Monat nach jenem Abend wissen. In diesem Brief läßt er sie förmlich wie auf einer Bühne auftreten und vor den vielen *fremden Menschen* – Kafkas Freunden und Bekannten – agieren. Von demselben Jean Gilbert wird nun in Berlin die «Kino-Königin» gespielt. Am Morgen seiner Abreise am 25. März nach Leipzig sendet er seiner Lieblingsschwester Ottla eine Ansichtskarte von «Delia Gill» mit einem knappen Gruß, in den merkwürdigerweise eingeflochten ist, er habe *keine Zeit* gehabt: *Ottla, noch im letzten Augenblick, herzliche Grüße, sei mir nicht böse, ich hatte weder Zeit noch Ruhe.*

Metropol-Theater
„Die Kino-Königin"

7032 2

J. Rußka
(Delia Gill, die Kino-Königin)

Phot. Rembrandt

Entrée der Delia

An allen Enden lebe ich,
An allen Ecken klebe ich,
Auf jedem Film kann man mich sehn,
In welches Kino Sie auch gehn!
Auf den Reklamen, wo man guckt,
Die Kino-Duse jeder kennt,
Die elfte Muse man mich nennt!
Heut Herrscherin in Samt und Seid',
Dann Bettlerin im armen Kleid,
Bald Inderin mit heißem Sinn,
Bald hoheitsvoll als Römerin,
Aus alten Zeiten, allen Gau'n
Spiel ich die stolzen Frau'n!
Auf wildem Roß, die Büchse trag ich,
Als Cowgirl durch die Pampas jag' ich,
Aus wilden Feuersbrünsten rette
Ich Rinder aus dem Feuerbette;
Ich folge den Verbrechern kühn,
Auf steile Dächer, wenn sie flieh'n;
Ich steig' in Grüfte tot umschauert,
Wo man als Nonne ein mich mauert.
Als Schwimmerin vergnügt und munter
Tauch' ich in das Wasser unter,
Komm' nach kurzer Zeit empor,
Umbraust von einem Jubelchor;
Erschossen ward ich, ach wie oft,
Erdolcht, vergiftet unverhofft,
Doch lach' ich schon im nächsten Film
Dem Liebsten zu, dem treuen Wilm!
Ja, wo ich geh' und steh' und spring'
Und liebe, küsse, tanz' und sing',
Durch Tal und Hügel, Strom und Welle,
Zu Fuß und Roß mit Eilzugschnelle,
Im Tauchboot und im Aeroplan,
In Wirklichkeit, im Traum und Wahn,
Da folgt mir immer mit Geknatter,
Rattern, Blitzlicht und Geschnapper,
Bei jedem Wort, bei jeder Tat,
Der Photograph mit Apparat.

Das Bild scheint wichtiger als die Grußformel.* Das Bild ist eine durch den Kartengruß getarnte Mitteilung, eine Art «verabredetes Zeichen», ein Kassiber, Kafkas Gegenbild und Antwort auf den vertraulich mitgeteilten Kinobesuch der «Herzensbrecherin», Geschwisterpost. Kein Wort über Felice, kein Wort von Felice. Sie bleibt stumm – wie die Kino-Königin auf dem Bild.

Während des Wartens im Hotel mag dem zeitungsgierigen Allesleser auch der «Roland von Berlin» unter die Augen gekommen sein. Der Rezensent berichtet in anzüglichem Telegrammstil: «Frühlingsbrausen im Metropoltheater. Orkane des Beifalls... Nach den Aktschlüssen begeisterte Kundgebungen. Die ‹Kino-Königin› blickt triumphierend von ihrem Siegeswagen (gezogen von Gilbert, Freund, Okonowski, – die beiden Librettisten – und Schultz, dem Regisseur) auf ihre Getreuen herab. Schlager reiht sich an Schlager. Im ersten Akt: Walzerlied ‹Man lacht, man lebt, man liebt›... (Ida Rußka, temperamentvoll von der Hals- bis zur Kniekehle). Im

* Auch onomatographisch ist auf dieser Postkarte einiges in Bewegung: *Ida – Ottla – Rußka – Kafka* und nicht zu übersehen das zweifache K in der Kino-Königin.

zweiten: ‹Amalia, was hast du durchgemacht!›... (Guido Thielscher von unübertroffener Wirkung auf die Lachmuskeln. Zenit seines künstlerischen Erdenwallens. Das Publikum rast. ‹Das Volk steht auf, der Sturm bricht los!›...) Dann Chanson von den ‹kleinen süßen Dingerchen›... Im dritten: ‹Lied der Nacht›... (Josef Giampietro, Bombennummer, Vortragsmeister... Heilsarmee und freie Liebe, Polizei und Einbrecher). Richtiggehende leichtgeschürzte Handlung, witziger, prickelnder Dialog, glänzende Ausstattung und raffinierte Toiletten... Regie und Inszenierung durch Richard Schultz, nur ihresgleichen bei Max Reinhardt.»

Die «Kino-Königin» ironisiert die heuchlerische Debatte um die Kinozensur, sie spielt mit der Theaterkrise und bringt schließlich die Kinematographie selbst auf die Bühne.

«1. Bild: Im Berliner Lustgarten demonstriert, kurze Zeit nachdem die Wachtparade vorbeigezogen ist, eine Frauenrechtlerin. Eine Dame ist von ihrem Auftreten so begeistert, daß sie sie einlädt und ihr ihre Visitenkarte gibt. Die Frauenrechtlerin entpuppt sich als die Filmschauspielerin Delia Gill; der Auftritt war nur eine Filmszene. Belustigt betrachten sie, ihr Regisseur Eichwald und der Kameramann Lehmann, die Visitenkarte der inzwischen entschwundenen Dame. Es war Auguste von Perlitz, die Frau des Kultusministers Rüdiger von Perlitz, Gattin ausgerechnet jenes Mannes, der die Kinos schließen lassen will, weil der Film eine Afterkunst sei und eine Brutstätte unpreußischer und sinnlicher Gefühle. Delia sieht in der Visitenkarte eine Möglichkeit, mit Perlitz bekannt zu werden, um zu versuchen, ihn umzustimmen. Sie beschließt, die Einladung anzunehmen.

2. Bild: Kultusminister von Perlitz sitzt in einem kleinen Café und gibt seinem Wachtmeister Pachulke den Befehl, Max Marder, einen Schriftsteller, der umstürzlerische Thesen verbreite, zu verhaften und vorzuführen. Auguste kommt, um den Gatten abzuholen. Beide treffen auf ihre Tochter Anni und deren Verlobten, Edelhard von Edelhorst, dem der Vater mit Mißtrauen begegnet, weil er nichts von ihm weiß.

3. Bild: Im Hotel Adlon soll die Verlobung von Anni und Edelhard gefeiert werden. Anni, ihre Eltern und die zahlreichen Gäste warten vergebens, denn der Bräutigam ist noch nicht da. Delia Gill, die hier im Adlon wohnt, verschafft sich durch jene Visitenkarten Zutritt zur Verlobungsgesellschaft, lernt Perlitz kennen und bezaubert ihn. Auch Delias Verlobter, der Hofschauspieler Viktor Matthusius, der bei ihrer Firma filmt, erscheint. Da er sich nicht im Atelier umziehen konnte – der Regisseur hat den Garderoben-

schlüssel eingesteckt –, tritt er in seinem Kostüm eines ‹ungarischen› Honvédoffiziers auf und stellt sich in komödiantischer Laune als solcher dem Kultusminister vor. Da kein Bräutigam da ist, löst sich die Gesellschaft auf. Nachdem alle gegangen sind, will Viktor die weinende Anni im Fahrstuhl nach oben fahren. Durch einen Kurzschluß bleibt der Fahrstuhl vor dem ersten Stockwerk stecken.

4. Bild: An einem Bockwurststand taucht Wachtmeister Pachulke mit dem gefesselten Edelhard auf. Der konnte nicht zu seiner eigenen Verlobungsfeier gehen, weil Pachulke ihn als den gesuchten Schriftsteller entlarvte, ihn verhaftete und dem Kultusminister vorführen will.

5. Bild: Der Kurzschluß scheucht die Hotelgäste auf. Perlitz und seine Auguste erblicken zu ihrem Schrecken im Fahrstuhl Anni und Viktor, die dort eingeschlafen sind. Der Fahrstuhl wird nach unten geholt. Vor allen Gästen zwingt Perlitz den vermeintlichen Honvédoffizier, die «Konsequenzen zu ziehen». Er gibt die Verlobung seiner Tochter mit dem ungarischen Oberleutnant Peköffy bekannt. In diesem Augenblick schleift Pachulke den gefesselten Edelhard in den Saal und präsentiert ihn dem Minister als den gesuchten Schriftsteller. Jetzt ist Perlitz froh, daß Anni sich nicht mit diesem verlobte, sondern den Honvédoffizier nehmen muß. Delia kommt dazu. Sie verrät Viktor nicht, die Verlobungsfeier nimmt ihren Anfang.

6. Bild: Im Filmatelier spielt Viktor in einer Szene mit, die revuehaft das Leben und Treiben der nächtlichen Friedrichstraße darstellt.

7. Bild: Delia trifft sich mit Viktor in ihrer Villa. Sie hat ihm seinen dummen Streich schon fast verziehen, zumal er einen Plan entwickelt, wie man den Minister von seiner Filmfeindlichkeit heilen könnte. Delia hat eine Idee, die noch besser ist. Sie hat den Minister zu sich geladen. Dessen Frau hat die Einladung gefunden und kommt, Delia zu bitten, ihr den Gatten nicht abspenstig zu machen. Delia verspricht, die Angelegenheit im Sinne Augustes zu klären. Getröstet zieht die Ministergattin ab und sieht nicht Anni und den noch immer gefesselten Edelhard, die gleichfalls mit ihren Sorgen hergefunden haben. Instruktionsgemäß läßt Pachulke seinen Gefangenen um vier Uhr frei. Nun kann das Brautpaar sich in die Arme fallen. Auch diese beiden gehen getröstet. Jetzt kommt Perlitz. Delia hat alles vorbereitet, um ihm eine Verführungsszene vorzuspielen, die heimlich gefilmt werden soll. Perlitz geht in die Falle.

8. Bild: Im Vorführraum der Delia-Filmgesellschaft befindet sich ein Kreis illustrer Gäste, darunter in zwei Logen der Ministerpräsident und der Kul-

tusminister von Perlitz. Ihnen allen führt der Regisseur Eichwald seinen neuesten Film ‹Graf Pornos letztes Abenteuer› vor. Das sagte er; aber was sehen die Gäste? Das, was sich in Delias Boudoir abspielte: Perlitz versucht, Delia zu vergewaltigen! Im Vorführraum bricht ein Skandal aus. Der anwesende Ministerpräsident setzt Perlitz auf der Stelle ab. Jetzt ist Perlitz Privatmann und gibt Anni und Edelhard sein Jawort. Daß Delia Gill ihn besiegt hat, ist ihm gar nicht so unlieb. Endlich darf er auch Mensch sein und nicht nur preußischer Beamter.»

Das Licht... die Leinwand... Sklaven des Goldes

> Die Filmzensur ist nötig. Weil Kinder eine starke Hand nötig haben. Und weil für eine Schulklasse von Rüpeln der Stock gerade gut genug ist. Die Erwachsenen aber täten gut, die Kinder immer mehr von sich abzuschütteln und jede Zusammengehörigkeit auch im Schein zu vermeiden. Hier gibt es keinen Kompromiß. Hie Kunst! Hie Kino!
>
> Kurt Tucholsky, Verbotene Films, 1913

In den Wochen und Monaten nach dem eher unbehaglichen Osterspaziergang durch den Berliner Grunewald spitzt sich für Kafka die Situation zu: Er möchte den von ihm durchaus geteilten bürgerlichen Konventionen von Ehe und Familie zumindest formal entsprechen, doch sind es gerade diese hohen Erwartungen, die seinen Widerstand provozieren, um sich schließlich bedingungslos der Literatur zu verschreiben. In dieses Dilemma gerät er natürlich genau dann, als er seine Schreibfähigkeit schwer beeinträchtigt sieht. *Könnte ich schreiben, Felice! Das Verlangen danach brennt mich aus. Hätte ich genug Freiheit und Gesundheit vor allem dazu. Ich glaube, Du hast es nicht genug begriffen, daß Schreiben meine einzige innere Daseinsmöglichkeit ist.* Und in einem nachgereichten Brief vom selben Tag (20. April 1913) gibt er plötzlich die Einsicht preis, *daß es mir also nicht einmal im Schreiben gelingt, Dich festzuhalten und irgendwie Dir meinen Herzschlag mitzuteilen und daß ich dann also auch über das Schreiben hinaus nichts erwarten darf.* (F 367 f.) Er rückt und schreibt Felice in die Chimäre eines Kinobildes ein, das er wie ein Schattenfänger festhalten will, weil er sich von ihm genarrt sieht.

Anfang Juni 1913 erscheint in der Zeitschrift «Arkadia» seine Erzählung *Das Urteil*, mit der Widmung *für Fräulein Felice B.*, doch fügt er in einem Brief an sie sogleich hinzu: *Findest Du im «Urteil» irgendeinen Sinn, ich meine irgendeinen geraden, zusammenhängenden, verfolgbaren Sinn? Ich finde ihn nicht und kann auch nichts darin erklären. Aber es ist vieles Merkwürdige daran.* (F 394)

Einen Monat vorher ist in der Buchreihe «Der Jüngste Tag» des Berliner Verlegers Kurt Wolff *Der Heizer. Ein Fragment* erschienen, wenige Wochen später wird diese Erzählung, wie auch zum wiederholten Mal die *Betrachtung*, sehr günstig besprochen.

Kafka aber schreibt in dieser Zeit, von kürzeren Briefen an Kurt Wolff und einige Prager Freunde einmal abgesehen, nur an Felice. Er habe *seit fünf Monaten nichts geschrieben*, läßt er sie Ende Juni wissen. Das Briefeschreiben ersetzt nicht das literarische Schreiben, sondern es ist sein gewaltiger, (un)ökonomischer und einzig sinnvoller Umweg zur Literatur hin und von Felice weg.

Groß ist seine Angst, mit ihr in eine wirklich nähere, feste Verbindung zu treten. Einmal gesteht er ihr: *Geliebt, daß es mich im Innersten geschüttelt hat, habe ich vielleicht nur eine Frau, das ist jetzt sieben oder acht Jahre her.* (F 385) In dieses Schreiben legt er einen wiedergefundenen, nie abgeschickten Brief aus *glücklicheren, unglücklicheren Zeiten* (vom Herbst 1912, den Tagen des *Urteils* und «Lützows wilder Jagd»), und darin ist wörtlich ausgesprochen, wie stark er Felice im Licht seiner nächtlichen Projektionen sieht. An ihr wie an einem bewegten und in sich beweglichen Bild wollte er – sich – *festhalten*: *Mein Fräulein, ich unterbreche nur das Schreiben um ½ 1 in der Nacht, um mich einen Augenblick an Ihnen festzuhalten. Ich tue es nicht, weil ich es im Augenblick brauchte, ... sonst hätte ich das Schreiben ja nicht unterbrechen können. Nur zittere ich überall, so wie das Licht die Leinwand in den ersten Tagen der Kinematographie zum Zittern brachte, wenn Sie sich daran erinnern. Ich bin zu glücklich und leide zu viel schon seit mehr als einer Woche. Ich durchschreibe die erste Hälfte und verdämmere die zweite Hälfte schon einiger Nächte. Am Tag Bureau und alles mögliche und mein schwaches, elendes Wesen. Zu wem zu klagen, wäre mir jetzt gesünder, als zu Ihrer großen Ruhe?* Und mit einem letzten staunenden Blick auf diesen frühen Brief ergeht es ihm fast wie Karl Roßmann angesichts der in der Ferne leuchtenden Freiheitsstatue: *Wie wirkt Ihr Anblick schon von der Ferne auf mich!*

Am 16. Juni 1913 schließlich macht Kafka nach langem Zögern ihr einen Heiratsantrag. Er selbst spricht, höchst seltsam, von einer *Abhandlung*, in der sehr viel mehr Gründe gegen eine Heirat aufgeführt sind als erfolgversprechende Momente. Als er – gewissermaßen gegen seinen heimlichen Wunsch – ihr Jawort bekommt, schreibt er: *Ich will heiraten und bin so schwach, daß mir die Knie schlottern infolge eines kleinen Wortes auf einer Karte.* (F 405) Und wie in einem schlechten Detektivfilm – beispielsweise aus der Nick-Winter-Serie – läßt Dr. jur. Kafka durch eine Berliner Detektei, auf Geheiß der Mutter, wie er betont, Erkundigungen über seine künftige Braut einziehen, womit er sie tief verletzt, ja damit nicht genug, er dehnt diese destruktive

Neugierde auch noch auf ihre Familie aus. In diesem *schlotternden* Zustand vertraut er am 1. Juli, drei Tage vor seinem 30. Geburtstag, dem Tagebuch weit rückhaltloser als ihr gegenüber seine wahre Befindlichkeit an: *Der Wunsch nach besinnungsloser Einsamkeit. Nur mir gegenübergestellt sein. Vielleicht werde ich es in Riva haben.* (T II, 179) An Felice schreibt er fragend, fast schon verzweifelt-advokatisch argumentierend, am selben Tag: *Du willst also trotz allem das Kreuz auf Dich nehmen, Felice? Etwas Unmögliches versuchen?... Meine Gegenbeweise sind nicht zu Ende, denn ihre Reihe ist unendlich, die Unmöglichkeit beweist sich ununterbrochen.* (F 416 f.)

Besinnungslose Einsamkeit ist auch, was ihn ins Kino führt, ganz so wie er sich fast ein Jahr zuvor *vom Schreiben weggerissen* hat, um sich der Besinnungslosigkeit eines aufputschenden Films – «Theodor Körner» – zu überlassen. Im Verlauf dieses Jahres wird er sich noch mehrmals, die Sinnlosigkeit suchend und herbeisehnend, ins Kino stürzen. Er geht ins Kino, um zu vergessen. Es gibt wohl kaum einen geeigneteren Ort, um dies, genußvoll, zu erreichen. Und in diesem melancholischen Zustand hält er eine Reihe von Bildern im wörtlichen wie im kinematographischen Sinn fest: *Das Hochzeitsreisepaar, das aus dem Hôtel de Saxe trat. Am Nachmittag. Einwerfen der Karte in den Briefkasten* (jener Brief an Felice, in dem er ihr den Sachverhalt und das Ergebnis der Berliner Bespitzelung mitteilt). *Zerdrückte Kleider, schlaffer Schritt, trüber lauer Nachmittag. Wenig charakteristische Gesichter für den ersten Blick.* (T II, 179)

Wie in einer Wischblende geht das Bild der *Hochzeitsszene* vor dem Hôtel de Saxe in das *Bild* (den Film) der Romanows über. Als wären die Hotelgäste auf dem Weg zur Zarenfeier, und Kafka begleitete sie. Alles ist in ein müdes, diesiges Licht getaucht. Betrüblichkeit breitet sich aus, *zerdrückte Kleider* hier, *verdrießliche, ältliche Princessinnen* dort, *Schlaffheit* in beiden Szenen: *Das Bild der 300jährigen Romanowfeier in Jaroslawl an der Wolga. Der Car, die Princessinnen verdrießlich in der Sonne stehend nur eine zart, ältlich, schlaff, auf den Sonnenschirm gestützt, blickt vor sich hin. Der Tronfolger auf dem Arm des ungeheueren barhäuptigen Kosaken. – Auf einem andern Bild salutieren in der Ferne längst schon passierte Männer.* (T II, 179 f.)

Rasch hält Kafka das für ihn entscheidende Detail fest: den Anblick des (bluterkranken) achtjährigen Zarewitsch auf dem Arm des Kosaken. Möglicherweise lief der kurze Film über die 300-Jahr-Feier der Romanows zusammen mit den beiden Hauptfilmen «Fantômas» und «Sklaven des Goldes». Kafka läßt «Fantômas» unerwähnt, doch von dem Film «Sklaven des

...Princessinnen verdrießlich in der Sonne stehend...

Goldes» hält er, in dem ihm eigenen, drängenden Sprachduktus, wie schon bei der «Weißen Sklavin», ein szenisch aufgefächertes Bewegungsbild, ein großes raumgreifendes Emblem fest: *Der Millionär auf dem Bild im Kino «Sklaven des Goldes». Ihn festhalten! Die Ruhe, die langsame zielbewußte Bewegung, wenn notwendig rascher Schritt, Zucken des Armes. Reich, verwöhnt, eingelullt, aber wie er aufspringt wie ein Knecht, und das Zimmer in der Waldschenke untersucht in das er eingesperrt worden ist.* (T II, 180)

Tags darauf notiert Kafka, vielleicht in einem Nachklang zur *ulkigen Groteske*: *Das Feuer, mit dem ich im Badezimmer meiner Schwester* – der wirklichen Kinobegleiterin und heimlichen «Kinokönigin» – *ein komisches kinematographisches Bild darstellte. Warum kann ich das niemals Fremden gegenüber?* (T II, 180) Von dieser Groteske kennen wir leider nur noch den Titel, doch der allein ist schon sprechend genug: «Nur einen Beamten zum Schwiegersohn».

Der Car... der Tronfolger auf dem Arm des ungeheueren barhäuptigen Kosaken...

Es ist schwer vorstellbar, daß der zu Valentinaden und Sprachparadoxien neigende Kafka *(unsichtbare Sehenswürdigkeiten, überlebensgroßer Zwerg)* seiner sehr ernsthaften und ironiefesten Fast-Verlobten Felice dieses *komische Bild* des beamtlichen Schwiegersohns hätte darstellen oder nacherzählen wollen – noch dazu *mit Feuer*! In diesen Dingen war die Lieblingsschwester der bessere, ja vielleicht der einzige Adressat. Sie war es schließlich, die den schier ungehemmten Schreibfluß, die drängenden Notturnos an Felice mit ihrer Nacherzählung der «Herzensbrecherin» zum Stocken gebracht hatte – und nur ihr, ihr ganz allein war die schöne, bieder-laszive Ansichtskarte, das kleine Schibboleth der «Kino-Königin» zugedacht worden, auch sie eine kleine Herzensbrecherin. Einziger Lichtblick, einziges Vergnügen in Berlin!

Das komische Bild des Prager *Beamten*, der sich anschickt, *Schwiegersohn* zu werden, nimmt groteske Züge an, wenn man bedenkt, daß er diese

Grand Theatre-Bio „Elite"
Poříč 5. Hotel Kaiser v. Österreich. Tel. 749/VIII
Monopol-Spielplan mit Erstaufführungsrecht für Prag!
? Fantomas ?
Detektivdrama in 4 Akten nach dem berühmten gleichnamigen Roman.
Sklaven des Goldes
Packendes Wild-West-Drama in 3 Akten mit nervenerschütternden Schlußszenen.
„Die elektrische Bahn von Luchon nach Superbagnères." Herrl. Original-Aufnahme aus den französischen Alpen. „Nur einen Beamten zum Schwiegersohn." Groteske. 27056
Vorstellungen um 5 und 8 Uhr.

In der Morgenausgabe des Prager Tagblatts steht am 1. Juli zu lesen: «Grand Theatre – Bio ‹Elite›. Das Drama ‹Fantômas› vereint alle jene starken Wirkungen in sich, die allen gutgemachten Detektivromanen eigen ist: das Geheimnisvolle des Verbrechers, seine unerhörte Schlauheit, sein Mut und seine Entschlossenheit, mit der er allen Gefahren zu trotzen und zu entrinnen weiß und endlich der famose Trick, mit dem er, schon in den Händen seiner Verfolger, diesen wieder entwischt. Etwas von einem Detektivroman steckt auch in dem zweiten Drama ‹Sklaven des Golds›. Auch hier handelt es sich um die Beraubung eines Millionärs, doch klingt die Sache derart aus, daß die Verbrecher in Angst und Schrecken gejagt werden, da die Goldkisten – lebende Schlangen bergen. Das Milieu von Wildwest, in dem sich diese Vorgänge abspielen, hat das Uebrige, um den Zuschauer zu packen. Eine prachtvolle Naturaufnahme und eine ulkige Groteske rahmen die beiden großen Dramen ein.»

«Der berühmte Milliardär Richard Braxton, genannt der Metallkönig, ist von San Diego aufgebrochen, nachdem er einen großen Teil Mittelamerikas durchstreift hat... Dieser für seine originelle Art bekannte Gentleman ist sowohl ein mächtiger Finanzmagnat als auch ein ausgewiesener Sammler... Den Journalisten hat er die Gründe für seine Reise nicht preisgegeben. Er meidet mit Bedacht die neugierigen Verfolger und alle Ansiedlungen; er zieht es vor, zusammen mit seiner Begleitescorte unter freiem Himmel zu kampieren.» (Aus dem Verleihprogramm von Gaumont)

(Rechts) «Berthe Dagmar, die Darstellerin der Héléna, sollte sich vor den herankriechenden Schlangen nicht mehr in Sicherheit bringen können. Man war also gut beraten, so schnell wie möglich zu drehen, weil die Hitze der Projektionslampen die Würgekraft der Reptilien wahrscheinlich verstärken würde. Tatsächlich wanden sie sich um die Schauspielerin und würgten sie sehr heftig. Marcel, der Schlangenbändiger, eilte schließlich herbei und befreite die Schauspielerin, die keinen Laut von sich gegeben hatte. Erst Minuten später brach sie in Tränen aus.» (Aus den unveröffentlichen Erinnerungen von Renée Carl, in: Gaumont. 90 ans de cinéma, Paris 1986, S. 60)

LE COLLIER VIVANT

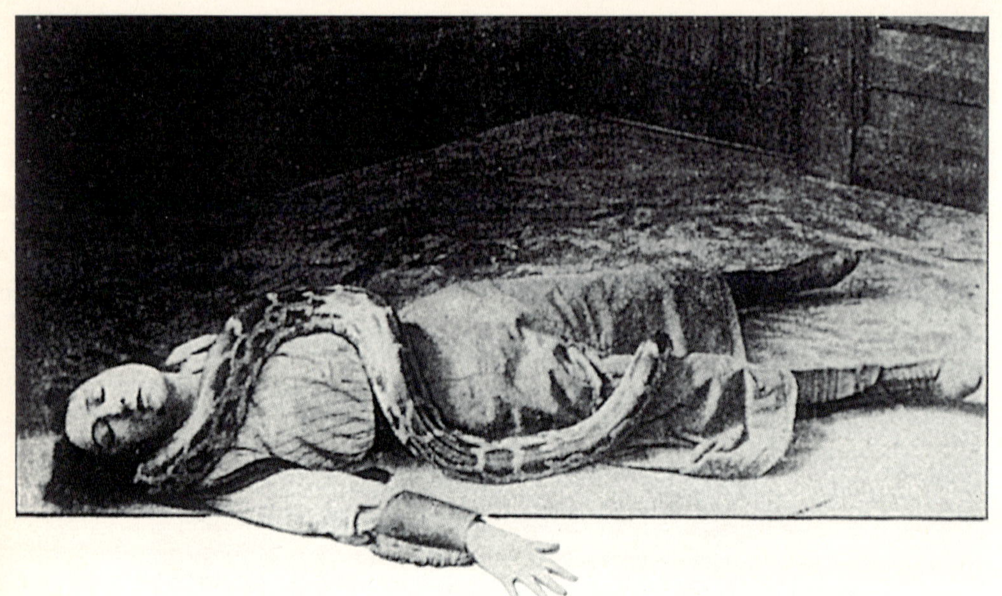

vermutlich entlastende Selbstverulkung – im *Badezimmer*, vor der *Schwester* – ausgerechnet am Vorabend seines 30. Geburtstages (am 3. Juli 1913) veranstaltet. Am nächsten Tag wird es ernst: *Nein, wir halten uns von nun ab fest und legen die Hände ordentlich ineinander. Denkst Du noch an meine lange, knochige Hand mit den Fingern eines Kindes und eines Affen? Und in die legst Du nun Deine… Ich habe heute meiner Mutter beim Mittagessen… gesagt, daß ich eine Braut habe. Sie war nicht sehr überrascht und nahm es merkwürdig ruhig hin.* (F 418 f.) Und er gesteht ihr in diesem Brief, daß seine Mutter ihn bittet, auch noch Felices Eltern bespitzeln zu lassen. Jetzt gibt es nichts mehr zu lachen, wie er noch zwei Tage vorher ihr (und sich selbst?) hat glauben machen wollen angesichts der Auskunft der Detektei, des *ebenso grauslichen wie urkomischen Elaborats*.

Von Schuldgefühlen geplagt und ohnehin zu massiven Selbstvorwürfen neigend, greift Kafka eine Woche nach dem Kinobesuch zu einem ungewöhnlichen Bild, um Felice seine Lage zu veranschaulichen. Dieses Bild erhellt auch, weshalb er mit solcher Heftigkeit – zunächst nur gegenüber seinem *Tagebuch* – den *eingesperrten Millionär festhalten* wollte. Darüber hinaus verwandelt er sich selbst in eine Schlange, die – ganz wie im «Collier vivant» / «Sklaven des Goldes» – die Frau bedroht und zugleich seine eigene, verdammenswerte und unglückbringende Lage versinnbildlicht. In vertrackter Weise «zitiert» Kafka dieses doppelte (Kino-)Bild des eingeschlossenen, aber ob seiner Kraft beneideten Millionärs und das der bedrohlichen Schlange. Er läßt dieses denkwürdige Bild wie ein Wasserzeichen in seinem Brief durchscheinen, ohne seiner Adressatin dessen Ursprung kenntlich zu machen: *Winde ich mich nicht seit Monaten vor Dir wie etwas Giftiges? Bin ich nicht bald hier, bald dort? Wird Dir noch nicht elend bei meinem Anblick? Siehst Du noch immer nicht, daß ich in mich eingesperrt bleiben muß, wenn Unglück, Dein, Dein Unglück, Felice, verhütet werden soll? Ich bin kein Mensch, ich bin imstande, Dich, die ich am meisten, die ich allein unter allen Menschen liebe… kalten Herzens zu quälen, kalten Herzens die Verzeihung der Qual anzunehmen.* (F 424f.)

Au revoir und déjà-vu

Im Süden ist, glaube ich, alles möglich.

Kafka

Mit Felices Jawort nehmen Kafkas Ängste vor der Ehe bedrohlich zu. Am 10. Juli 1913 schreibt er ihr: *Verstehst Du das, Felice, wenn auch nur aus der Ferne? Ich habe das bestimmte Gefühl, durch die Ehe, durch die Verbindung, durch die Auflösung dieses Nichtigen, das ich bin, zugrundezugehn...* Felice macht in der ersten Augusthälfte Urlaub in Westerland auf Sylt; Kafka fährt, obschon aufgefordert, sie zu begleiten, nicht mit.

Im September tritt er selbst einen längeren Sommerurlaub an, der ihn nach einem vierzehntägigen Aufenthalt in Wien – er besucht dort den Internationalen Zionistenkongreß und anschließend eine Veranstaltung der Arbeiterversicherungsanstalt – nach Triest weiterführt. Von dort fährt er mit dem Schiff nach Venedig und schreibt an Brod und an Felice. Brod gegenüber erwähnt er, er sei *so schwer beweglich und traurig*, aber es sei *gut, daß ich allein bin* (Br 120). Felice gegenüber führt er diese schwere Beweglichkeit deutlicher aus: *Eingesperrt von den Hemmungen, die Du kennst, kann ich mich nicht rühren... vielmehr liege ich ganz und gar auf dem Boden, wie ein Tier, dem man (auch ich nicht) weder durch Zureden noch durch Überzeugen beikommen kann... ich bin wie verstrickt, reiße ich mich vorwärts, reißt es mich stärker wieder zurück.* Der Brief schließt mit einer Frage, die wie von selbst sogleich beantwortet wird: *Aber was soll ich tun, Felice? Wir müssen Abschied nehmen.* (F 466)

Noch stärker als Anfang Juli vor dem Prager Hôtel de Saxe stößt ihn jetzt in Venedig vor dem Grand Hôtel Sandwirth der Anblick der Hochzeitspaare ab: *ich bin gierig nach Alleinsein, die Vorstellung einer Hochzeitsreise macht mir Entsetzen, jedes Hochzeitsreisepaar, ob ich mich zu ihm in Beziehung setze oder nicht, ist mir ein widerlicher Anblick, und wenn ich mir Ekel erregen will, brauche ich mir nur vorzustellen, daß ich einer Frau den Arm um die Hüfte lege* (Br 122), schreibt er zwei Wochen später an Max Brod aus einem Sanatorium in Riva.

Von Venedig fährt er weiter nach Verona. Von großer Schwermut ergriffen, von seiner Entscheidungsunfähigkeit gelähmt, beschreibt er Brod das

Dilemma seines Verhältnisses zu Felice: *Ich kann mit ihr nicht leben und ich kann ohne sie nicht leben.* (Br 122) Und ihr selbst teilt er auf einer Postkarte mit: *In der Kirche S. Anastasia in Verona, wo ich müde in einer Kirchenbank sitze, gegenüber einem lebensgroßen Marmorzwerg, der mit glücklichem Gesichtsausdruck ein Weihwasserbecken trägt. Von der Post bin ich ganz abgeschnitten, bekomme sie erst übermorgen in Riva, bin dadurch wie auf der andern Welt, sonst aber hier in allem Elend.* (F 466)

Es ist ein Wiedersehen unter wenig erfreulichen Umständen. Im Winter 1911, während der Friedlandreise, im «Kaiserpanorama» ist er diesem Zwerg zum ersten Mal begegnet. Er war am rechten Bildrand der stereoskopischen Aufnahme zu sehen, auf der – *Glatter Boden der Kathedralen vor unserer Zunge* – das Kirchenschiff abgebildet war. Damals war ihm an den photographierten *Skulpturen* die Lebendigkeit aufgefallen, die sich, im Gegensatz zur rasch vorbeifliegenden Kinematographie, auf den Betrachter überträgt: das *Denkmal* Tito Speris, das *Grabrelief* einer Witwe und eben jener Zwerg in der Kirche S. Anastasia. Kafkas nachhaltiges Interesse an Skulpturen hängt gewiß auch damit zusammen, daß an ihnen alles zur Ruhe und zum höchsten Ausdruck gekommen ist, dicht, kompakt und fest. Er muß sie nicht *festhalten*, sondern kann sich an ihnen *festhalten*. Sie sind ein geronnenes, veräußerlichtes Sinnbild seiner eigenen Lage. Die paradoxe «Lebendigkeit» des *glücklichen* Zwerges läßt ihn schlagartig die eigene Last und die Grenzen seiner Belastbarkeit erkennen. Fast ist es, als löse dieser Zwerg das «Wappentier», die Schlange, aus den «Sklaven des Goldes» ab.

Einige Jahre später kommt ihm diese Begegnung wieder in den Sinn: *Erinnerung an eine Kirche in Verona, wo ich, ganz verlassen, nur unter dem leichten Zwang der Pflicht eines Vergnügungsreisenden und unter dem*

Das Wiedersehen mit dem nie gesehenen Zwerg. Das Weihwasserbecken in der Kirche S. Anastasia in Verona.

schweren Zwang eines von Nutzlosigkeit vergehenden Menschen widerwillig eintrat, einen überlebensgroßen Zwerg sah, der sich unter dem Weihbecken krümmte... Der vordem lebensgroße *Zwerg* ist *überlebensgroß* geworden. Der glückliche Gesichtsausdruck ist unter der Last (der Erinnerung) verschwunden.

Kafka steht am Scheideweg. Erneut, wie schon so oft. Auch im Mai 1915, die erste Verlobung ist bereits gelöst, taucht wieder der Zwerg auf, ungenannt: *Glaube nicht, Felice, daß ich nicht alle hindernden Überlegungen und Sorgen als fast unerträgliche und widerliche Last empfinde, alles am liebsten abwerfen wollte, den geraden Weg allen andern vorziehe... Es ist aber unmöglich, die Last ist mir nun einmal auferlegt...* (F 637).

Eine Ohnmacht, keine Karte – so nennt er, nach einer sechswöchigen Briefpause, in seinem Brief an Felice vom 29. Oktober 1913 die deprimierende Ansichtskarte aus Verona. Von dieser Ohnmacht zeugt noch ein weiterer Brief, eine Notiz, die er Felice erst am 6. November wie ein Fundstück zu seinem Brief legt: *Tagebuch führe ich überhaupt keines, ich wüßte nicht, warum ich es führen sollte, mir begegnet nichts was mich im Innersten bewegt. Das gilt auch wenn ich weine wie gestern in einem Kinematographentheater in Verona. Das Genießen menschlicher Beziehungen ist mir gegeben, ihr Erleben nicht. Das kann ich immer wieder nachprüfen, gestern bei einem Volksfest in Verona, früher vor den Hochzeitsreisenden in Venedig.* (F 472)

Erlebnisunfähigkeit lautet die Selbstdiagnose, Genuß und Gier hingegen nach allem und jedem.* Das Kino ist der Katalysator dieser Affektverschiebung. Ein seltsam unergriffenes, ein leeres Weinen könnte man es nennen, was ihn überkommt. Nichts Erlebtes schiebt sich zwischen ihn und die Leinwand. Es ist wieder jene *besinnungslose Einsamkeit*, die ihn jetzt, wie schon kurz vor seinem dreißigsten Geburtstag, ins Kino treibt: *Ich bin in allen Winkeln meines Wesens leer und sinnlos, selbst im Gefühl meines Unglücks.* (F 472)

Die Veroneser Tageszeitung «Arena» annonciert am 20. September 1913, dem Nationalfeiertag, neben der «Lezione dell'abisso» noch zwei weitere Filme. Wir können spekulieren, wohin Kafka sich hat treiben lassen:

---

* In einem auf diese Zeit mit Felice zurückblickenden Brief an Max Brod schreibt Kafka 1920: *Ich rede nicht von den glücklichen... Zeiten der Kindheit, als die Tür noch geschlossen war, hinter der das Gericht beriet..., später aber war es so, daß der Körper jedes zweiten Mädchens mich lockte, der Körper jenes Mädchens, in das ich (deshalb?) meine Hoffnung setzte, gar nicht. Solange sie sich mir entzog (Felice) oder solange wir eins waren (Milena), war es nur eine Drohung von ferne und nicht einmal gar so ferne, sobald aber irgendeine Kleinigkeit geschah, brach alles zusammen.* (Br 317)

«La lezione dell'abisso (Die Lehre des Abgrunds). – Die Originalität dieses Dramas in vier Akten, das heute im Cinema Pathé San Sebastiano gezeigt wird, besteht ganz in der außerordentlichen, wunderschönen Erhabenheit der Landschaften, in denen es sich abspielt. Es zeigt eine echte Seite Schweizer Lebens, jenes kosmopolitischen Lebens, in dem es anscheinend nur um Ausflüge und Klettertouren geht, und in dem sich doch so manches Liebesdrama, so manche menschliche Tragödie verbergen. Die Darstellung ist der Alpenszenerie in ihrer kraftvollen Rauheit und ihrem grandiosen Reiz durchaus ebenbürtig.» (Arena, 20. September 1913)

«Il celebro bandito Garouge (Der berühmte Bandit Garouge). – Die Rekonstruktion seiner Taten in einem dreiteiligen Film des Titels ‹Die Rächerin› ist heute im Cinema Edison in der Via Nuova zu sehen. Während der Aufführung wird das Orchester ‹Die Macht des Schicksals› und ‹Liebeselixier› spielen. Zum Abschluß gibt es dann die höchst komische Szene ‹Willy und die Pariserin›.»

«Poveri Bimbi (Arme Kinder). – Die Kindheit hat immer und überall eine poetische und rührend sentimentale Note. Die Protagonisten des sehr langen Dramas in drei Akten, das heute im Cinema Calzoni in der Via Stella

Kinoplakate auf der Piazza d'Erbe in Verona, 1913

gezeigt wird, sind zwei kleine, aber vollkommene Schauspieler, und ihre Odyssee wird gewiß alle weichherzigen Menschen rühren. Der Leidensweg der beiden Kinder ist die traurige Folge einer vom Dämon der Eifersucht verdüsterten Liebesgeschichte; es ist ein interessantes, menschlich ansprechendes, originelles Sujet, ein wirklich theatralisches Drama. – Im Beiprogramm das ‹Giornale Eclair› mit der Modeseite und den interessantesten Nachrichten aus aller Welt. – Im Foyer können wir durch das wunderbare Druckluft-‹Mirophono› – eine echte Neuheit! – der göttlichen Stimme des Commendatore Enrico Caruso in der Romanze aus ‹Aida›, mit Orchesterbegleitung, lauschen. Perfekt ist der Synchronton des Orchesters mit dem ‹Mirophono›.»

Der Lokalhistoriker Ferruccio Ferroni schreibt über den Kinobesitzer Calzoni: «Der aus Brescia stammende Calzoni war der erste, der in Verona Anfang 1907, neben der ehemaligen Gemeindekirche San Sebastiano einen Kinematographen betrieb. Auf der Fassade von Barbiere gegenüber dem Palazzo Bertani erstrahlten zwei riesige, ziemlich merkwürdige Globen in rotschimmerndem elektrischem Licht. Eine laute, elektrisch betriebene Glocke rief das Publikum aus der Via Capello und der Via Leoni herbei. Die Erklärung zu den Filmen besorgte ein automatisches Klavier, das je nach Bedarf mit pathetischen oder fröhlichen Partituren Themen und Drehbücher miteinander zu verbinden trachtete.»

Maßlose Unterhaltung

Das letzte Mal, daß ich ihn in Prag sah, gingen wir, glaube ich, in größerem Freundeskreis ins Kino. Im Vorprogramm zeigte man Straßenszenen aus Berlin. Als es wieder hell wurde, glaubte ich im Bruchteil einer Sekunde, Tränen in seinen Augen zu sehen. «Was ist denn mit Kafka los?» flüsterte ich meinem Nachbarn zu. «Ach, offenbar wieder Schwierigkeiten mit seiner Berliner Verlobten», sagte er. So sehe ich Kafka noch vor mir: das Gesicht abgekehrt, damit keiner von uns ihn beobachte, sich mit dem Handrücken die Tränen aus den Augen wischend...

Willy Haas, Die literarische Welt

Nachdem er sechs Wochen nicht mehr mit Felice korrespondiert, nachdem er *kein Wort mehr geschrieben* und in den folgenden Monaten nur über eine Mittelsperson, Felices Freundin Grete Bloch, mit ihr kommuniziert hat, bekräftigt er seinen Entschluß, die inoffizielle Verlobung wieder aufzulösen. Erstaunlicherweise verwendet er dabei, nachdem so häufig von einem verzweifelten *Festhalten* die Rede war, für die Trennung genau jenen Ausdruck, der ihm wie entgeistert entfahren war, als er wenige Tage nach ihrem ersten Zusammentreffen in Prag in einer Nacht *Das Urteil* niedergeschrieben hatte und in der darauffolgenden Nacht in einem immensen Schaffensdrang sich *vom Schreiben weggerissen* sah und in den neueröffneten Kinematographen im Landestheater stürzte.

Jetzt, ein gutes Jahr und Hunderte leidenschaftlicher, selbstquälerischer und peinigender Briefseiten später, stößt er aus: *Daß ich mich wegreißen mußte, wenn Du mich nicht verstoßen wolltest? Du dachtest das nicht? Denkst du es auch heute nicht?* (F 467) Er sagt ihr, ohne es auszusprechen, daß er sich von ihr wird wegreißen müssen, um sich wieder am Schreiben festhalten zu können: *Ich werde wieder schreiben, aber wie viele Zweifel habe ich inzwischen an meinem Schreiben gehabt.* (T II 203) Und in einem Bild der *Gier* ohnegleichen fährt er fort: *Im Grunde bin ich ein unfähiger unwissender Mensch, der... gerade imstande wäre in einer Hundehütte zu hocken, hinauszuspringen, wenn ihm Fraß gereicht wird und zurückzuspringen, wenn er es verschlungen hat.*

Die Krise dieses Sommers kulminiert in Sinnlosigkeit, Besinnungslosigkeit, Leere. Schreiben ist ja die ganze Zeit über nur ein Vorsatz, es wird

«Grand Théâtre Bio ‹Elite›. Eine Schauspielerin, den Kinderschuhen noch lange nicht entwachsen, aber mit allen künstlerischen Qualitäten einer gereiften Künstlerin, spielt in der dreiteiligen Komödie ‹Es gibt keine Kinder mehr› die Hauptrolle. Es ist die kleine Suzanne Privat, die schon in dem großen Film ‹Das Kind von Paris› Proben einer glänzenden Befähigung abgegeben hat. In dem zweiten Film zeigt ‹Lux›, der vielversprechende Polizeihund, seine erstaunliche Dressurkunst. In dem Drama ‹Katastrophe im Dock› endlich spielt sich eine vielverzweigte Handlung ab. Den Clou des Abends bildet aber das vieraktige Lustspiel ‹Isidors Hochzeitsreise› oder ‹Endlich allein›, das von den bekannten Humoristen Gebrüder Herrnfeld, sowie von der schönen und übermütigen Hanni Weisse gespielt wird. Dieses grandiose Doppelprogramm nimmt volle 3 Stunden in Anspruch: trotzdem werden die Preise nicht erhöht.» («Bohemia», 14. September 1913)

unentwegt antizipiert und gegen die Verlobte ins Feld geführt, gegen sie, die es, in seinen Augen, eigentlich immer mehr verhindert. Kinogehen bietet sich an, es ist eine mögliche Option, ähnlich wie die Prostitution: *Ich gehe absichtlich durch die Gassen, wo Dirnen sind.* Und wie ein fernes Echo aus der «Weißen Sklavin» alias Alice Rehberger heißt es am Ende dieser Lockung: *Kein Mensch hätte etwas Reizendes an ihr gefunden, nur ich... Ich sah zweimal nach ihr zurück, sie faßte auch den Blick.* Auf diesen kleinen Tagtraum folgt ein Tintenstrich, und das Tagebuch schließt: *Die Unsicherheit geht gewiß von den Gedanken an F. aus.* Am nächsten Tag dann, wie eine Reminiszenz an die Niedergeschlagenheit in Verona: *Im Kino gewesen. Geweint. «Lolotte». Der gute Pfarrer. Das kleine Fahrrad. Die Versöhnung der Eltern. Maßlose Unterhaltung. Vorher trauriger Film «Das Unglück im Dock» nachher lustiger «Endlich allein». Bin ganz leer und sinnlos, die vorüberfahrende Elektrische hat mehr lebendigen Sinn.* (T II, 204)

Von dem dänischen Filmdrama «Katastrophe im Dock» heißt es im Programmheft: «Aus dem Repertoire des Victoria-Theaters. – Jetzt kommt indes ein Film, von dem man wird sagen dürfen, daß er etliches Aufsehen erregen wird. Das Victoria-Theater liebt ja das Sensationelle, und selten hat man ein Drama inszeniert, das reicher an gewaltsamen Effekten wäre als

Mlle SUZANNE PRIVAT

Dans l' " ANGE DE LA MAISON "

dieses. Sein Titel ist ‹Die Katastrophe im Dock›, und es spielt in einer Großstadt. Die Hauptfigur, ein Ingenieur, hat eine technische Großtat vollbracht – das Dock, das jedoch infolge eines Konstruktionsfehlers noch am Tage der Einweihung einstürzt. Diese Szene ist die große Sensation des Films. Gedreht ist sie im letzten Sommer im Kopenhagener Schwimmdock, das die Filmgesellschaft Danmark gemietet hatte, und der Clou besteht darin, daß das Wasser zu einem bestimmten Zeitpunkt hereinbricht und alle in seinem Mahlstrom mit sich reißt. Bei der Aufnahme im Sommer, draußen auf dem Schwimmdock, begrub das Wasser etwa hundert Schauspieler und Statisten; einer wäre beinahe ertrunken. Als der Ingenieur sein Werk zerstört sieht, wird er wahnsinnig und ins Irrenhaus gebracht. Hier wohnt man einer sehr unheimlichen und kraß-realistischen Szene bei, die an ‹Dr. Goudrons System› im Fredreiksberger Theater gemahnt: einige geisteskranke Patienten überfallen ihren Arzt, doch der Ingenieur, den man für verrückt hielt, stürzt hinzu und rettet ihn und hat somit seinen normalen Geisteszustand bekundet. Er kehrt nach Hause zurück. Die ganze Stadt ist von einem großen Karneval erfüllt, und die Frau des Ingenieurs ist mit dabei. Er verdächtigt sie der Untreue... bricht fast wieder zusammen, aber die junge Frau beweist ihre Unschuld, und die Zuschauer erahnen einen glücklichen Ausgang der zahlreichen Drangsale des Helden. Neben den ernsten und unheimlichen enthält ‹Die Katastrophe im Dock› auch etliche putzige Szenen. So erwähnen wir einen Five o'clock, der im Wasser stattfindet: Damen und Herren in Badeanzügen, die bis zum Knie im Wasser um einen wohlgedeckten Tisch waten, der aus den Wellen ragt.»

Zu dem Film «Isidors Hochzeitsreise» oder «Endlich allein» – die Titel allein sind schon eine unfreiwillige Karikatur von Kafkas gegenwärtigem Zustand – bemerkt der «Roland von Berlin» (17. Juli 1913): «Die Verfilmung der Autoren und der höheren Kunst schreitet rüstig vorwärts und ist mittlerweile auch der Erzkomiker Anton und Donat Herrnfeld habhaft geworden. Die Kammerlichtspiele vom Potsdamer Platz schätzen sich glücklich, die Alleinaufführungsrechte des Herrnfeld-Schlagers ‹Endlich allein!› erworben zu haben. Der drastische dreiaktige Schwank, der einstmals unzählige Häuser gefüllt hat, ist in gewisser Hinsicht als Film noch wirksamer als auf der Bühne. Jedenfalls kann die Hochzeitsreise des Isidor Blumentopf samt den ewigen Störungen *primae noctis* durch den boshaften Käsehändler im Lichtbild ja viel anschaulicher gemacht werden, zumal da Anton sowohl, als hinkender Hotelhausknecht, als Donat, der geborene Isidor, in den Filmauf-

Standbilder aus «Katastrophe im Dock»

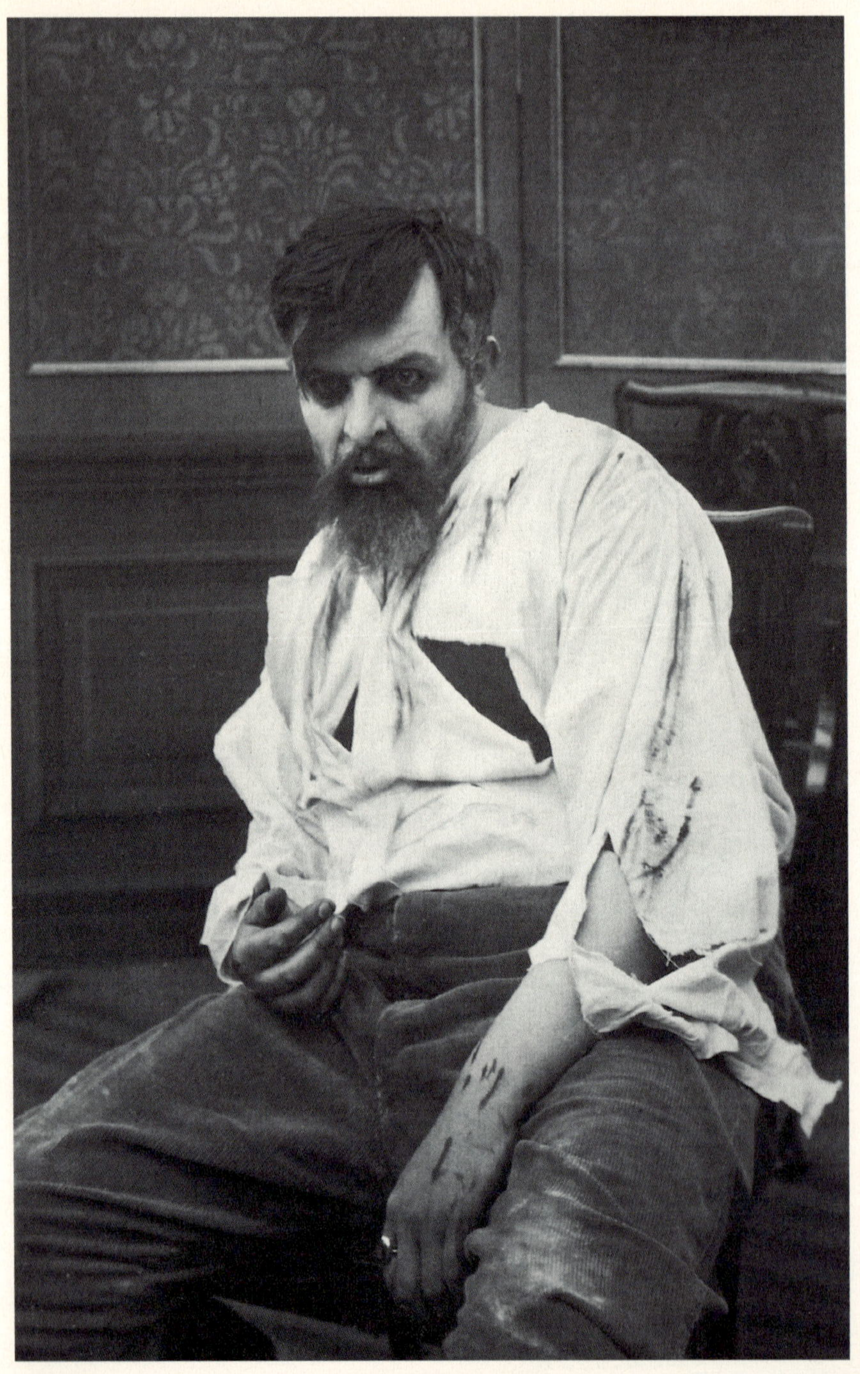

nahmen sich selber übertroffen haben. Ihre Gebärden sind so markant, daß man sie auch sprechen zu hören glaubt. ‹Ist das nicht ein schöner Zylinder?›, dieses Leitmotiv des Isidor, der seinen Zylinder in allen Lebens- und Entscheidungsphasen mit einer unglaublichen Virtuosität in Szene führt, gehört mit zu den wirksamsten Erscheinungen nicht nur der Brüder Herrnfeld, sondern überhaupt auch der komischen Bühne. Und so darf man sagen, daß die Kammerlichtspiele mit ihrem ‹Endlich allein› einen Filmschlager ersten Ranges sich zugeeignet haben.» Verantwortlich für dieses Kauderwelsch zeichnet ein «Quelqu'un».

Sieben Tage später, am 27. November, steht im Tagebuch nach einer fast hoffnungsvoll zu nennenden Eintragung über eine Rekonvaleszenz durch das Schreiben: *Die Festigkeit aber, die das geringste Schreiben mir verursacht, ist zweifellos und wunderbar. Der Blick, mit dem ich gestern auf dem Spaziergang alles überblickte!* – und unter etlichen zerstreuten Alltagswahrnehmungen (eine

Art Schreib- und Wahrnehmungsgymnastik) taucht noch einmal ein rezenter Filmeindruck auf: *Bild: Taufe der Schiffsjungen beim Passieren des Äquators. Das Herumlungern der Matrosen. Das nach allen Richtungen und Höhen abgekletterte Schiff bietet ihnen überall Sitzgelegenheiten. Die großen Matrosen, die an den Schiffsleitern hängen und sich mit mächtiger runder Schulter Fuß vor Fuß an den Schiffsleib drücken und auf das Schauspiel hinuntersehn.* (T II 209f.)

Es ist die letzte ausführliche Notiz zur Kinematographie überhaupt. Mühelos windet er das Gesehene zu einer kleinen Bildgirlande. Wieder steht, wie im *Bild* der Romanow-Feier, ein Junge im Mittelpunkt seiner Aufmerksamkeit, doch dieser ist kräftig und schickt sich an, ein Mann zu werden. Am Ende hat er sich selbst in dieses Wunschbild hineinkopiert – in die *großen Matrosen*, mit denen zusammen er *auf das Schauspiel hinuntersehn* kann. Ein Bild auch der großen, sehnsuchtsvollen Ausfahrt, jetzt aber nicht in Karl Roßmanns neue, sondern in eine ganz andere Welt – *beim Passieren des Äquators.*

War er in Verona angesichts des wiedergefundenen Zwerges niedergedrückt von dessen unerschütterlichem Glücksausdruck unter der schweren Last des Weihbeckens, so kann er hier – *im Süden ist alles möglich* – jenseits der Peripherie seiner Welt ruhiger Zuschauer einer männerbündischen Taufzeremonie sein.

Er verspürt keinen Drang mehr, etwas oder sich oder einen anderen festzuhalten. Er entläßt das Bild, er verläßt den Kinopalast «Felice», mit dem er zwar über zwei Verlobungen und noch für Jahre in Verbindung bleiben wird, doch die Projektion, die Vorführung, die von nachtschweren Briefen beförderten *Erklärungen* und *Abhandlungen* (wie er den ersten Heiratsantrag genannt hat) erschöpfen sich allmählich.* 1914 setzt eine äußerst produktive Phase in Kafkas Schaffen ein. Nach diesem *Bild* taucht erst wieder im November 1915 eine kurze Notiz auf: die bereits erwähnte *Erinnerung an ein Kinoplakat.* In der Prosa wird die Kinematographie weder als Technik noch als

* Am 11. Juni 1914 schreibt er an Grete Bloch, die auf Wunsch Felices seit dem Herbst 1913 zwischen ihm und ihr vermittelt hat: *Ein durch seine Lebensumstände und durch seine Natur gänzlich unsocialer Mensch mit nicht festem augenblicklich schwer zu beurteilendem Gesundheitszustand, durch sein nichtzionistisches (ich bewundere den Zionismus und ekle mich vor ihm) und nichtgläubiges Judentum von jeder großen tragenden Gemeinschaft ausgeschieden, durch die Zwangsarbeit des Bureaus in seinem besten Wesen auf das quälendste erschüttert – ein solcher Mensch entschließt sich, allerdings unter dem stärksten innersten Zwang, zum Heiraten, also zur socialsten Tat. Das scheint mir nicht wenig für einen solchen Menschen.* (F 598)

Hanni Weisse – Stummfilmstar

Bild thematisiert, sie bleibt eigentümlich ausgeschlossen, als zweifle Kafka, in deutlichem Gegensatz zu vielen Schriftstellern seiner Generation, an ihrer Literarisierbarkeit. Daß Kinobilder, kunstvoll getarnt, zum Beispiel in die slapstickartigen Verzweiflungen Karl Roßmanns eingegangen sind, ist nicht von der Hand zu weisen, doch läßt sich diese fast zur Gewißheit gewordene Evidenz nirgendwo nachweisen.

Nachmittag Palästinafilm

> Das Wesen des Wüstenwegs. Ein Mensch, der als Volksführer seines Organismus diesen Weg macht, mit einem Rest (mehr ist nicht denkbar) des Bewußtseins dessen, was geschieht. Die Witterung für Kanaan hat er sein Leben lang; daß er das Land erst vor seinem Tode sehen sollte ist unglaubwürdig. Diese letzte Aussicht kann nur den Sinn haben, darzustellen, ein wie unvollkommener Augenblick das menschliche Leben ist, unvollkommen, weil diese Art des Lebens endlos dauern könnte und doch wieder nichts anderes ergeben würde als ein Augenblick. Nicht weil sein Leben zu kurz war kommt Moses nicht nach Kanaan, sondern weil es ein menschliches Leben war. Dieses Ende der 5 Bücher Moses hat eine Ähnlichkeit mit der Schlußszene der Education sentimentale.
>
> Kafka, Tagebuch, 19. 10. 1921

1921 liegen die beiden Verlobungen mit Felice, die endgültige Trennung von ihr und seine Festigung als Schriftsteller schon weit zurück. Am 23. Oktober heißt es im Tagebuch lakonisch: *Nachmittag Palästinafilm.*

An diesem Tag, einem Sonntag, wurde auf Betreiben der zionistischen Organisation (und Zeitschrift) «Selbstwehr» im Prager Kino «Lido-Bio» der Film «Shiwath Zion» zweimal in einer Privatvorführung gezeigt. Das Prager Tagblatt berichtet am Freitag, dem 21. Oktober, unter «Vereins- und Vergnügungsnachrichten»: «Bar Kochba. Morgen, den 22. ds., 8 Uhr abends Generalversammlung. Ein zionistischer Film. Der Zentralstelle des Jüdischen Nationalfonds in Prag gelang es, einen Original-Film aus Palästina ‹Schiwath Zion› (Rückkehr nach Zion) zu erwerben, welcher in charakteristischer Weise das Leben beim Aufbau des jüdischen Palästina und die emsige Arbeit der Pioniere (Chaluzim) vorführt. Im Anhang der XI. Zionistenkongreß und Schauturnen in Karlsbad. Diese Filme sind nur in zwei Vorstellungen zu sehen u. zw.: Lido-Bio, Havlicekgasse, Sonntag, den 23. c. 8.30 Vormittag und 2 Uhr Nachmittag. Kartenverkauf: Café Central, Lido-Bio.»

Die «Selbstwehr», für die auch Kafka gelegentlich schreibt, hat für die Berichterstattung über diese Filme in Prag gleich zwei Journalisten engagiert: der eine berichtet über die vor dem Kino wartende Menge («Draußen»), der andere von der Aufnahme des Films selbst («Drinnen»):

«Draußen. – ‹Zide maji Kino!› (‹Die Juden im Kino!›) – so geht's von Mund zu Mund in der ungeduldigen Menge der Sonntag-Vormittag-Habitués des Lidobio, welche warten müssen, bis der zionistische Film zu Ende ist. ‹Das möcht man nicht glauben, jetzt spielen sie sogar schon Kino!› ‹Ale je to drzost› (‹Was für eine Frechheit›), meint einer, und man merkt an diesem Staunen und Unwillen der Menge, die eben nur neuerungssüchtig ist, wo es eine Sensation oder die Erfüllung eines eigenen Wunsches gibt, im Grunde aber konservativ bleibt – daß hier ein wohl geringfügiges, aber doch bezeichnendes Symptom der Erneuerung des jüdischen Volkes durch den Zionismus der Menge sichtbar wird. Immer neue Applaussalven hört man aus dem Innern des Saales: die Antwort draußen ist je nach dem Charakter des Einzelnen ein Ausruf des Unwillens oder ein derber Witz. ‹Man möchte gar nicht glauben, daß es Juden sind›, teilt eine Frau mit, welche offenbar bereits einen Blick hineingetan hatte – ‹sie sehen gar nicht so aus, ich weiß nicht, aber das Blut muß sich geändert haben!› Ja, ja – stimmt man ihr allgemein zu und akzeptiert dies als brauchbare Theorie für dieses unerwartete jüdische Kino. Aber Einer, ein politischer Philosoph meint tiefsinnig: ‹Ale dobré to není› (‹Aber gut ist er nicht›). Er will sich offenbar sein geliebtes Bild von den Ghettojuden nicht stören lassen. Endlich ist die Vorstellung zu Ende, der Saal leert sich – ‹Návrat do Kavárny› (‹Zurück ins Café›) hört man einen Spötter rufen – und das Volk kann sich von der Problematik des jüdischen Films in der Problemlosigkeit seiner Filmdramen erholen.

Drinnen. – Unterdessen waren drinnen vor einem zahlreichen, freudig erregten Publikum Bilder vom neuen Palästina vorübergerollt. Und gab es draußen Ausbrüche einer negativen Volksnaivität, so konnte man drinnen über eine merkwürdige positive Naivität staunen, die im jüdischen Filmpublikum herrschte. Man applaudierte herzlich und stürmisch den Filmbildern, man applaudierte Jabotinsky, wie er im Kerker zu Akko Zigaretten rauchte, man applaudierte Lord Churchill, Herbert Samuel, man beklatschte die jüdische Legion auf dem Marsche und jubelte unseren Führern zu, und auch der alte Rabbi Meir erhielt seinen Applaustribut. Der Film ist sehr geschickt und geschmackvoll gemacht, er bringt schöne Bilder vom neuen Leben in Palästina, in reicher Abwechslung von Stadt und Land, Fest und Alltag, Politik und Arbeit. Man sieht das Erfreulichste unserer Siedlung, die neue jüdische Jugend, Mädchen und Knaben, und das Heroischste, die Chaluzim bei ihrer Arbeit und bei ihrer Erholung. Die Vorstellung zeigte, wie wichtig derartige Vorführungen für unsere Sache wären, wie man durch solche Bilder der Wirklichkeit Palästinas weit näher kommt als durch alle Berichte. Es wäre zu wünschen, daß ein Weg gefunden wird, derartige Veranstaltungen möglichst oft zu wiederholen oder sie gar zu einer ständigen Einrichtung zu machen.»*

Das Prager Tagblatt vom selben Tag gibt ähnlich detailliert den Film wieder und erwähnt dabei noch, daß der Film «auf Initiative der englischen Regierung und der ‹Zionist Commission› in Palästina» entstanden sei. Auch in der Abendausgabe der Prager Presse vom 22. Oktober 1921 werden die «Naturaufnahmen», d. h. die Außenaufnahmen ausführlich geschildert: «Im Lido-Bio wurde vor einem geladenen Publikum der Propagandafilm des Jüdischen Nationalfonds ‹Die Rückkehr nach Zion› vorgeführt. Der Film wurde von der Firma Bendow, Jerusalem hergestellt. Es handelt sich bei diesem Filmwerk weder um das Arrangement eines geschickten Regisseurs noch um die Kunst geschminkter Mimen, sondern um Naturaufnahmen aus dem wiedergefundenen ‹Alt-Neuland› der neuen Heimatstätte des jüdischen Volkes – Palästina. Weder Szenerien noch Personen wurden ‹gestellt›. Besser als alle, von redegewandten Diplomaten oder geschickten Journalisten aus purer Begeisterung um der Sache willen oder aus Gründen des Ehrgeizes erbrachten Nachweise für die erfolgreiche Arbeit der Kolonisatoren und Kolonisten, sprechen die aneinandergereihten Bilder zu uns, mit der Stichhaltigkeit und Schlagkraft des pulsierenden Lebens. Palästinas gischtumbrandete Felsküste bei Akko oder Jaffa, der Hauptstadt Jerusalem, die Synagoge und ‹Klagemauer›, der heilige Oelberg, Tiberia, die lebendigen Wahrzeichen des neu erwachten Lebens (ich meine die Farmen des jüdischen Nationalfonds), Stätten, von denen die gesamte Kultur des Abendlandes und man kann ruhig behaupten der ganzen Welt ausging, wechseln mit Szenen aus der kulturellen (Ausgrabungen der Synagoge bei Tiberia, mit den interessanten Kunstdenkmälern aus der Zeit des jüdischen Reiches), der politischen (Empfang des ersten jüdischen Gouverneurs, Sir Herbert Samuel, jüdische Legion, Lord Churchills und Naham Sokolows Reden auf dem Oel-

* Es ist wahrscheinlich diese Ausgabe vom 28. Oktober, die er im November seinem Freund und Arzt Robert Klopstock zukommen läßt mit den Worten: *Die Selbstwehr schick ich Ihnen Montag, es tut nichts, wenn Sie ein wenig nach ihr hungern, nachdem Sie sie früher oft mißachtet haben.* (Br 364) Neben dem Hauptfilm «Shiwath Zion» war Kafka mit Sicherheit auch an dem Bericht über den XI. Zionistenkongreß in Karlsbad interessiert; das von dem Agronomen Ruppin auf dem Kongreß gehaltene Referat über Bodenamelioration in Palästina war in der «Selbstwehr» abgedruckt und von Kafka aufmerksam gelesen worden.

Photogramme aus «Shiwath Zion»

berg) und wirtschaftlichen Renaissance des Landes ab. Die fesselndsten Bilder sind jedenfalls die letzteren. Die Straßen und Terrassenbauten jüdischer Arbeiter, das Pflanzen von Oelbäumen jüdischer Kinder auf jüdischem Boden, das Spiel in der Arbeit, all diese Bilder mit ihrer pittoresken Buntheit im Milieu und dem abwechslungsreichen Völkergemisch von Juden, Arabern, Türken einerseits und Abendländern andererseits wirken beweiskräftig genug, um an den Ernst des Willens und an die Zuverlässigkeit der Tat, resümiert in der Beständigkeit und Dauerhaftigkeit der Resultierenden beider, des Erfolges, glauben zu lassen.»

Die Vorführung dieses Films in einer Privatveranstaltung spiegelt die schwierigen und beklemmenden Verhältnisse wider, in die die Prager Judenheit, Zionisten wie assimilatorisch Gesinnte gleichermaßen, nach dem Ersten Weltkrieg geraten war. Im November 1920 war es in Prag zu antisemitischen Ausschreitungen gekommen. Kafka schreibt darüber an Milena Jesenská: *Die ganzen Nachmittage bin ich jetzt auf den Gassen und bade im Judenhaß. «Prašivé plemeno» («Räudige Rasse») habe ich jetzt einmal die Juden nennen hören. Ist es nicht das Selbstverständliche, daß man von dort weggeht, wo man so gehaßt wird (Zionismus oder Volksgefühl ist dafür gar nicht nötig)? Das Heldentum, das darin besteht doch zu bleiben, ist jenes der Schaben, die auch nicht aus dem Badezimmer auszurotten sind.*

Gerade habe ich aus dem Fenster geschaut: berittene Polizei, zum Bajonettangriff bereite Gendarmerie, schreiende auseinanderlaufende Menge und hier oben im Fenster die widerliche Schande, immerfort unter Schutz zu leben. (M 288)

Der hier keineswegs rhetorisch gemeinte Wunsch, aus Prag weg und nach Palästina zu gehen, wie dies sein Schulfreund Hugo Bergmann und andere getan haben, stößt auf vielfache Schwierigkeiten. Kafkas Zionismus ist weniger visionär und weniger radikal als der seiner Freunde und Bekannten.

Wenn er im Juli 1922 in der «landschaftlich» organisierten deutschen Literaturgeschichte eines Friedrich von der Leyen blättert und feststellt, daß in einem so gegliederten Deutschland nur *deutsches Gut, jedem jüdischen Zugriff unzugänglich* (Br 400) ist, so wird ihm dadurch seine Zugehörigkeit zur deutschen Sprache und Literatur eher schmerzlich und verzweifelt bewußt, als daß er sie bereits von sich aus verwerfen könnte. Im Deutschen sei der *sprachliche Mittelstand*, so Kafka gegenüber Brod, *nichts als Asche ... die zu einem Scheinleben nur dadurch gebracht werden kann, daß überlebendige Judenhände sie durchwühlen ... Weg vom Judentum, meist mit unklarer Zustimmung der Väter (diese Unklarheit war das Empörende), wollten die meisten, die deutsch zu schreiben anfingen, sie wollten es, aber mit den Hinterbeinchen klebten sie noch am Judentum des Vaters und mit den Vorderbeinchen fanden sie keinen neuen Boden. Die Verzweiflung darüber war ihre Inspiration.* (Br 337) Der *neue Boden* war für die Zionisten im deutschen Sprachraum nirgendwo mehr zu finden; für sie hieß das kommende Reich «Altneuland»*, wie der Gründervater des Zionismus, Theodor Herzl, es nach der ältesten Prager Synagoge benannt hatte.

In einem ekstatischen und angsterfüllten Brief beschreibt und bekräftigt Kafka seine absolut gesetzte Existenz als Schriftsteller und nennt den Preis,

* Eine einleuchtende Deutung des rätselhaften Ausdrucks Altneu(-Land) gibt Martin Bäuml: «Die Rede ist von der ‹Altneuschul›, der ältesten Prager Synagoge. Der Name kommt vom hebräischen ‹al-tnai›, was auf deutsch ‹unter der Bedingung› heißt, nämlich unter der Bedingung, daß dieses Bethaus (hebräisch Bjt hakneset = Haus der Versammlung) von außen nicht wie eine Synagoge aussehe. Würde ‹Altneu› aus dem Jiddischen stammen, könnte es ‹Altnaj› heißen, absurd aber ist es anzunehmen, daß es aus dem Deutschen kommt, wo doch die Inschriften in der Synagoge und auf dem daneben liegenden alten Friedhof in hebräisch sind. Theodor Herzl, der Begründer des politischen Zionismus und insofern der indirekte Gründer des Staates Israel, der Hebräisch nicht konnte, hat seinen berühmten Roman über den Judenstaat ‹Altneuland› genannt und sich übrigens auch vorgestellt, daß man dort deutsch sprechen würde. Daß angeblich Steine des II. Tempels verwendet wurden, die dann wieder nach Jerusalem zurücktransportiert werden sollten, hängt wahrscheinlich mit dieser, auch von Herzl übernommenen Namensgebung zusammen. So ist verständlich, wie aus ‹al-tnai› ‹Altneu› wurde.» (Leserbrief an die Frankfurter Allgemeine Zeitung, 14. 1. 1983)

der lebenslänglich dafür zu entrichten ist. Der äußere Anlaß für diesen Brief ist seine *Angst* vor einer kleinen Reise: *Was ich gespielt habe, wird wirklich geschehn. Ich habe mich durch das Schreiben nicht losgekauft. Mein Leben lang bin ich gestorben und nun werde ich wirklich sterben. Mein Leben war süßer als das der andern, mein Tod wird um so schrecklicher sein. Der Schriftsteller in mir wird natürlich sofort sterben, denn solche Figur hat keinen Boden, hat keinen Bestand, ist nicht einmal Staub… ich bin Lehm geblieben, den Funken habe ich nicht zum Feuer gemacht, sondern nur zur Illuminierung meines Leichnams benützt.* (Br 385)

Keinen Boden, keinen Bestand, nicht einmal Staub. Der Schriftsteller, der in solcher Radikalität sich selbst den Boden unter den Füßen wegzieht, kann nicht mehr wirklich auswandern, er ist immer schon mehrfach isoliert und in einem gewissen Sinn auch exiliert: als Schriftsteller, Junggeselle und Jude: *Ich bin von zuhause fort und muß immerfort nachhause schreiben, auch wenn alles Zuhause längst fortgeschwommen sein sollte in die Ewigkeit. Dieses ganze Schreiben ist nichts als die Fahne des Robinson auf dem höchsten Punkt der Insel.* (Br 392)

Wie ernsthaft er die eigene Absicht, nach Palästina zu gehen, wirklich verfolgte, läßt sich heute schwer bestimmen. Unüberhörbar aber ist immer wieder der sehnsuchtsvolle *und* resignierte Ton, der sich unentmischt durch seine Briefe zieht. Der Schwester Valli gegenüber nennt er die Auswanderung eines ihnen bekannten alten Juden *etwas Ungeheueres, seine Familie auf den Rücken zu nehmen und durch das Meer nach Palästina zu tragen. Daß so viele es tun von seiner Art, ist kein kleineres Meerwunder als jenes im Schilfmeer.* (Br 463)

Und dem Freund Robert Klopstock legt er im Dezember 1921 ausführlich dar, wie anziehend Palästina für Ärzte sein müßte. Für seine eigene Zunft, Kafka meint hier bezeichnenderweise den Juristen und nicht den Schriftsteller, fällt seine Prognose weniger optimistisch aus. Auffällig, daß er in diesem Zusammenhang wieder das Bild von *Staub* und *Erde* evoziert; auch der *Lehm*, aus dem er den Schriftsteller (wie den Golem) gemacht sieht, ist eng mit dieser Metaphorik verbunden: *Die Berufswahl – nun, daß Sie etwas anderes als Arzt werden sollten, daran habe ich nie gedacht, seitdem ich Sie nur ein wenig kenne. Daß das eine Beschäftigung nur für Wohlhabende sei, stimmt wahrscheinlich für Mitteleuropa, für die übrige Welt und besonders für Palästina, das sich so erfreulich in ihren Gesichtskreis zu schieben beginnt, nicht. Und eine physische Beschäftigung ist es doch auch. Und dann Halb und Halb-Berufe, d.h. Berufe ohne Ernst sind abscheulich, ob sie physisch oder geistig sind, und werden, wenn sie menscherfassend sind, herrlich, ob physisch oder geistig. Das ist schrecklich einfach zu erkennen und es ist schrecklich schwer, den lebendigen Weg hindurch zu finden. Für Sie übrigens nicht einmal so schwer, denn Sie sind Arzt. Hauptsächlich gilt es ja für die Durchschnittsmasse der Juristen, daß sie erst zu Staub zerrieben werden müssen, ehe sie nach Palästina dürfen, denn Erde braucht Palästina, aber Juristen nicht. Ich kenne flüchtig einen Prager, der nach ein paar Jahren Jusstudium es gelassen hat und Schlosserlehrling geworden ist (gleichzeitig mit dem Berufswechsel hat er geheiratet, hat auch schon einen kleinen Jungen), ist jetzt fast ausgelernt und fährt im Frühjahr nach Palästina.* (Br 364 f.)

Von der Krankheit schon schwer gezeichnet, schreibt er im Frühjahr 1923 zurückschau-

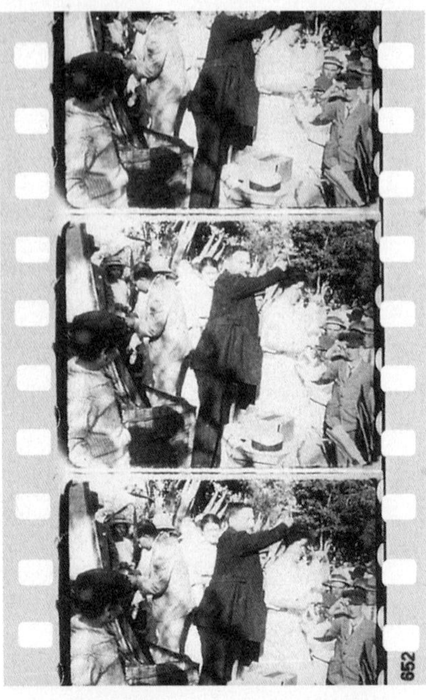

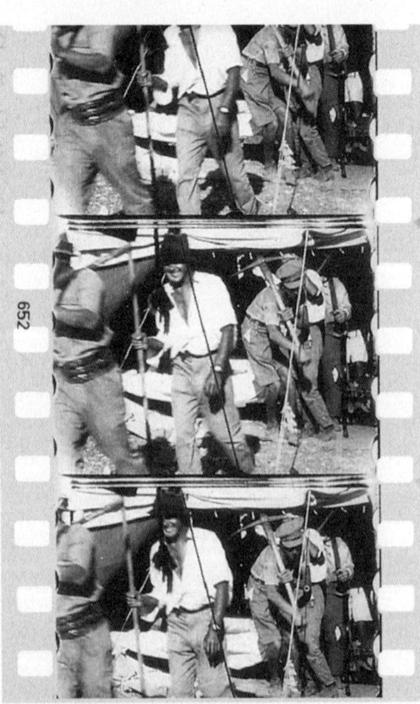

end aus Berlin, wo er mit Dora Diamant lebt, an seine Schwester Ottla: *Ich sah, daß wenn ich irgendwie weiterleben wollte, ich etwas ganz Radikales tun müßte und wollte nach Palästina fahren. Ich wäre ja dazu gewiß nicht imstande gewesen, bin auch ziemlich unvorbereitet in hebräischer und anderer Hinsicht, aber irgendeine Hoffnung mußte ich mir machen. (Hinsichtlich Palästinas wäre hinzuzufügen, daß es auch wegen der Lunge gewählt war und auch wegen der verhältnismäßig billigen Lebenshaltungskosten dort, da ich bei Freunden gelebt hätte. Von Billigkeit und Kosten wäre überhaupt der Wahrheit gemäß öfters zu reden)* (O 145 f.).

Berlin sollte sein provisorisches Palästina werden. Dora Diamant, die Ostjüdin, die ihm den Jesaja hebräisch rezitieren kann, wird die Gefährtin des letzten Lebensjahres. Milena gegenüber vergleicht er Berlin explizit mit Palästina: *Ich fing an die Möglichkeit zu denken nach Berlin zu übersiedeln. Diese Möglichkeit war damals nicht viel stärker als die Palästinensische, dann wurde sie doch stärker.* (M 319)

Einige Tage nach der kommentarlosen Film-Notiz vom 23. Oktober 1921 im *Tagebuch* beschreibt er sich als Zuschauer eines Familien-«Films», in dem die Bilder aus Palästina sehnsuchtsvoll aufflackern. Er macht sich zum Vorwurf, nicht wirklich *fortgeschwommen* oder *ausgewandert* zu sein und statt dessen mit *Nachträgen* sich begnügt zu haben, die als Manifestation des Sinnlosen, des nicht gelebten Lebens schließlich die Übermacht gewonnen haben: *Die Eltern spielten Karten; ich saß allein dabei, gänzlich fremd; der Vater sagte, ich solle mitspielen oder wenigstens zuschauen; ich redete mich irgendwie aus. Was bedeutete diese seit der Kinderzeit vielmals wiederholte Ablehnung?... Ich habe, wenn man es danach beurteilt, unrecht, wenn ich mich beklage, daß mich der Lebensstrom niemals ergriffen hat, daß ich von Prag nie loskam, niemals auf Sport oder Handwerk gestoßen wurde udgl. ich hätte das Angebot wahrscheinlich immer abgelehnt, ebenso wie die Einladung zum Spiel. Nur das Sinnlose bekam Zutritt, das Jusstudium, das Bureau, später dann sinnlose Nachträge, wie ein wenig Gartenarbeit, Tischlerei udgl.* (T III, 193)

Und in der daran anschließenden Eintragung vom 29. Oktober benennt er das einzige Land, das *Grenzland*, sein ganz persönliches *Altneuland*, in dem er sich zu Hause wähnt: *Einen der nächsten Abende beteiligte ich mich dann wirklich, indem ich für die Mutter die Ergebnisse notierte. Es ergab sich aber kein Nähersein, und wenn auch eine Spur dessen da war, so wurde sie überhäuft von Müdigkeit, Langeweile, Trauer über die verlorene Zeit. So wäre es immer gewesen. Dieses Grenzland zwischen Einsamkeit und Gemeinschaft habe ich nur äußerst selten überschritten, ich habe mich darin sogar mehr angesiedelt als in der Einsamkeit selbst. Was für ein lebendiges schönes Land war im Vergleich hiezu Robinsons Insel.* (T III, 193)

Palästina bleibt für Kafka ein uneinholbares, unbetretbares Terrain, zum Greifen nah und fern – ein imaginärer Raum, ein Film.

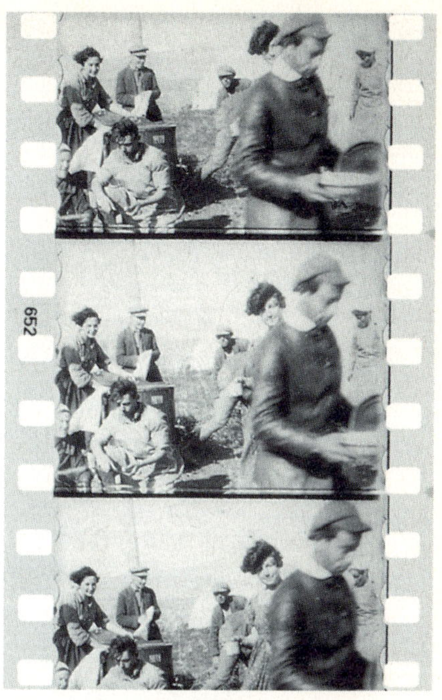

Anläßlich der deutschen Premiere von «The Kid» berichtete der Filmkritiker Hans Siemsen aus Berlin für das Prager Tagblatt am 22. Oktober 1923 ausführlich über Chaplins Besuch in den Berliner Arbeitervierteln: «Noch nie hat ein Schauspieler so unbestrittenes Wohlgefallen und eine so hemmungslose Debatte ausgelöst wie Chaplin. Als er persönlich in Berlin war, begriffen die Menschen nicht, daß er statt der Dielen und Bars, statt der Siegesallee und der Automobilausstellung sich den Norden ansah, die Arbeiterviertel und die Laubenkolonien. Und noch weniger begriffen sie, daß er sich, so gut es gehen wollte, mit den einfachen Leuten unterhielt, daß er in einer Bierbudike zu Abend aß und seine Droschke halten ließ, um ein paar spielenden Kindern oder einem Köter zusehen zu können…»

Post scriptum

Der Kinobesuch ist ein Anlauf ins Vergessen, getrieben von der Hoffnung auf Verwandlung. Niemand geht ins Kino, um sensibler, erfahrener und gebildeter zu werden, mag er sich es auch einbilden. Jeder will in das Land eines unerbittlichen Wunders geschleust werden. Er betritt das noch nicht verdunkelte Kino als den Ort eines sich zuverlässig einstellenden Exzesses.

Frank Böckelmann, Ins Kino, 1994

Mitte Januar 1924, Kafka lebt in Berlin-Steglitz mit Dora Diamant in äußerst bescheidenen materiellen Verhältnissen, schreibt er auf tschechisch auf die Rückseite eines Briefes an seine Schwester Elli in Prag an das Fräulein Werner, das Faktotum der Familie: ... *Samstag bekomme ich Besuch, Frl. Bugsch aus Dresden kommt mit ihrer Freundin, der Vortragskünstlerin, die hier einen Abend veranstalten wird. Wenn ich hinginge, wäre dies der erste Abend, den ich in Berlin außer Haus war, ich bin ein völliges Haustier. Nicht einmal vom Kino weiß ich was, hier lernt man auch wenig dazu, Berlin war so lange arm, erst jetzt konnte es sich den «Kid» kaufen. Ganze Monate wird er hier gespielt* ...*

* Unveröffentlicht; für den Hinweis bedanke ich mich herzlich bei Hans-Gerd Koch.

Siglen

Br Franz Kafka: Briefe 1902–1924. Hg. von Max Brod, Frankfurt a. M. 1958.

EF I Max Brod/Franz Kafka. Eine Freundschaft. Bd. 1: Reiseaufzeichnungen. Hg. unter Mitarbeit von Hannelore Rodlauer von Malcolm Pasley, Frankfurt a. M. 1987.

EF II Max Brod/Franz Kafka. Eine Freundschaft. Bd. 2: Briefwechsel. Hg. von Malcolm Pasley, Frankfurt a. M. 1989.

F Franz Kafka: Briefe an Felice und andere Korrespondenz aus der Verlobungszeit. Hg. von Erich Heller und Jürgen Born, Frankfurt a. M. 1967.

M Franz Kafka: Briefe an Milena. Hg. von Jürgen Born und Michael Müller, Frankfurt a. M. 1983.

O Franz Kafka: Briefe an Ottla und die Familie. Hg. von Hartmut Binder und Klaus Wagenbach, Frankfurt a. M. 1974.

R Franz Kafka: Reisetagebücher in der Fassung der Handschrift. Frankfurt a. M. 1994.

T I-III Franz Kafka: Tagebücher. 3 Bände. Hg. von Hans-Gerd Koch, Michael Müller und Malcolm Pasley, Frankfurt a. M. 1994.

V Franz Kafka: Der Verschollene. Roman. Hg. von Jost Schillemeit, Frankfurt a. M. 1994.

Anmerkungen

S. 13 «Unter seinem Pseudonym Nino Frank...»: Henri Clouzot, Le cinéma en 1896, in: Pour Vous, 10. 7. 1930.

S. 15 «Ich danke Dir...»: Kafka bezieht sich sehr wahrscheinlich auf die große Prager Jubiläumsausstellung für Industrie und Handel, auf der unter anderem «Vorführungen kinematographischer Reklamelichtbilder an der Wand vor dem Bioskopenpavillon» stattfanden. Möglicherweise hat er beim Besuch dieser Ausstellung jene Postkarte erworben, die er zwei Jahre später, im Oktober 1910, von Prag nach Paris an Max und Otto Brod senden wird. Die winzigen seitlichen Aufdrucke in Japanisch auf der Bildseite, links: yu-bin-ha-ga-ki (Postkarte) und rechts (Photostudio *** Tokyo) sprechen für diese Annahme. Für die Entzifferung des haarfeinen Aufdrucks sei Tomoko Takemura, Tokio, herzlich gedankt.

Arbeitsheft: Von einem *Tagebuch* im emphatischen Sinn wird Kafka erst Ende 1910 sprechen. Man nimmt heute an, daß die ersten Eintragungen auf das Frühjahr 1909 zu datieren sind.

Geschichte der Eisenbahn: Vgl. Wolfgang Schivelbusch, Geschichte der Eisenbahnreise. Zur Industrialisierung von Raum und Zeit im 19. Jahrhundert, München 1977, Kap. 8 und 9.

S. 18 «Das Kino bietet das Ideal...»: Victor Klemperer, Das Kino im Urteil bekannter Zeitgenossen, in: Der Kinematograph, 25. September 1912. Victor Klemperer wird von der Redaktion mit den Worten angekündigt: «Ein junger kampfesfroher Literat, der mit dem seltenen Mut, auch Autoritäten gegenüber seine Meinung zu vertreten, schreibt.»

S. 21 «Da war ein Kintop...»: Ulrich Rauscher, Die Welt im Kino, Frankfurter Zeitung, 31. Dez. 1912, wieder abgedruckt in: Kein Tag ohne Kino. Schriftsteller über den Stummfilm, hg. v. Fritz Güttinger, Frankfurt a. M. 1984, S. 135f.

S. 22 Kurt Pinthus (Hg.), Das Kinobuch, Leipzig 1913/1914, dokumentarische Neu-Ausgabe, Zürich 1963.

S. 32 *cross-reading*: vgl. Karl Riha, Cross-Reading und Cross-Talking. Zitat-Collagen als poetische und satirische Technik, Stuttgart 1971.

S. 35 «1908 stellt Jean Metzinger...»: vgl. Fritz Metzinger, Die Entstehung des Kubismus. Eine Neubewertung; Guillaume Apollinaire, Die Maler des Kubismus, Zürich 1956; Thierry de Duve, Pikturaler Nominalismus. Marcel Duchamp. Die Malerei und die Moderne, München 1987.

S. 41 Das Ariston ist ein mechanisches Musikwerk, eine sog. «Salonorgel» mit durchlöcherten, kreisförmigen Scheiben aus Pappe; es wird durch Drehen einer Kurbel zum Spielen gebracht.

S. 51 «Er liebte die ersten Filme...»: Max Brod, Streitbares Leben. Autobiographie, München 1960, S. 274.

S. 53 «Ich schleudere hiermit...»: Peter Altenberg, in: Wiener Allgemeine Zeitung, April 1912, wieder abgedruckt in: Kein Tag ohne Kino, S. 63f.

S. 77 *Rationell eingerichtete Bordelle...*: Die Photographien aus den Pariser Bordellen sind einem unveröffentlichten Konvolut von ca. 80 Aufnahmen entnommen, die ein unbekannter Pariser Polizei-Inspektor 1900 unter dem Titel «Les maisons de tolérance, de passes et de rendez-vous» in Paris hat anfertigen lassen. Die Sammlung ist heute im Besitz der Bibliothèque Nationale.

S. 83 «So scheint mir...» Adorno an Benjamin, 17. Dezember 1934, in: Theodor W. Adorno/Walter Benjamin. Briefwechsel 1928–1940, hg. von Henri Lonitz, Frankfurt a. M. 1994, S. 95.

S. 87 «Sorgenjahre...»: Richard Rosenheim, Die Geschichte der Deutschen Bühnen in Prag 1883–1918, Prag 1938, S. 207 und 216.

S. 90 «Danzig...» in: Der Kinematograph, Düsseldorf, Nr. 297, 1912.

S. 103 Ulrich Rauscher, Der Bassermann-Film, in: Frankfurter Zeitung, 6. 2. 1913, wieder abgedruckt in: Kein Tag ohne Kino, S. 140f.

S. 106 «Pierre de Brézeux hat alles...» in: Le cinéma et l'écho du cinéma réunis, Nr. 60, 18. April 1913.

S. 134 «Der aus Brescia stammende Calzoni...» in: Ferruccio Ferroni, Verona di ieri, Verona 1934, S. 163/(deutsch von Enrica Ferrazzi).

S. 136 «Aus dem Repertoire des Victoria-Theaters...» in: Masken, Nr. 8, 4. Jg., 23. November 1913 (deutsch von Hanns Grössel).

Kleine Filmographie

Der durstige Gendarm (Le Gendarme altéré), Frankreich (Pathé) 1908, Länge 100 m.

Der galante Gardist (Le galant de la Garde française), Frankreich (Pathé) 1908, Länge 175 m.

Die weiße Sklavin (Den hvide Slavehandels sidste offer*), Dänemark (Nordisk) 1910; Regie: August Blom, Buch: Peter Christensen, Kamera: Axel Graatkjaer, Darsteller: Clara Wieth (Edith von Felsen), Lauritz Olsen (Ingenieur Faith), Thora Meincke (Otto Lagoni), Ingeborg Rasmussen (Frederic Jacobsen), Ella la Cour (Peter Nielsen) u. v. a.; Länge 930 m.

Nick Winter et le vol de la Joconde* (Nick Winter und der Diebstahl der Mona Lisa), Prod.: Frankreich (Pathé), Regie: Brusquet, Länge: 170 m.

Eine Intrique am Hofe Heinrichs VII., König von England (Une intrigue à la cour de Henri VII), Frankreich (Pathé) 1913, Regie: Morlhoz, mit Madeleine Roche, M. Volny, Mlle Massart, M. Etievant, Länge 800 m.

Der großmütige Arzt (La Tournée du docteur), Frankreich (Pathé) 1911, Regie: Dupuis, mit M. Thali, M. Tréville, Mlle Dermoz, Länge 225 m.

Pêche au hareng en mer du nord (Die Krankenhilfe der Islandfischer), Frankreich (Pathé) 1911.

Theodor Körner*, Deutschland (Deutsche Mutoskop) 1912, Länge 1300 m.

Seltsame Insekten, Deutschland 1912, Länge 175 m.

Der Andere, Deutschland 1913. Regie: Max Mack, Buch: Paul Lindau, Musik: Altmann-Nemo, Darsteller: Albert Bassermann, Hanni Weisse, Léon Resemann, Emerich Haube, Rely Ridon, Otto Collot, Paul Passarge, C. Lengling; 5 Akte, 1766 m.

La Broyeuse de cœurs* (Die Herzensbrecherin) Frankreich (Valetta/Pathé) 1913, Länge: 850 m.

La Leçon du gouffre (it.: La lezione dell' abisso), Frankreich (Pathé) 1913.

Poveri bimbi, Frankreich (Eclair) 1913.

Le célèbre bandit Garouge (it.: Il celebro bandito Garouge), Frankreich (Edison) 1913.

Le Collier vivant – Scènes de la vie de l'Ouest américain (Sklaven des Goldes), Frankreich (Gaumont), 1913, Regie: Jean Durand, Darsteller: Berthe Dagmar, Gaston Modot, Max Dhartigny.

Wochenschau über die 300-Jahr-Feier der Romanows* (Le Tri-centenaire de la dynastie Romanoff), Länge 185 m.

Katastrofen i Dokken (Katastrophe im Dock), Dänemark (Nordisk) 1913; Darsteller: Richard Jensen, Jonna Neiiendam, Kai Lind, Gudrun Houlberg, Valdemar Møller, Heldur Møller, Rasmus Ottesen, Peter S. Andersen, Hakon Ahnfeldt-Rønne, Länge 950 m.

L'Enfant de Paris (Die kleine Lolotte), Frankreich (Gaumont) 1913, Regie: Léonce Perret, mit Suzanne Privat; Länge 2436 m.

Die mit * gekennzeichneten Filme sind noch erhalten.

Endlich allein, oder Isidors Hochzeitsreise, Deutschland (Vitascope) 1913, Regie: Max Mack (nach einem Bühnenstück von Anton und Donat Herrnfeld), mit Anton Herrnfeld, Donat Herrnfeld, Hanni Weisse; 3 Akte, Länge 1060 m.

Nur einen Beamten zum Schwiegersohn, Deutschland (Lux) 1913.

Shiwath Zion* (Rückkehr nach Zion), Palästina/Deutschland (Zionist Commission, Jerusalem und Zentralstelle des Jüdischen Nationalfonds) 1920.

The Kid*, USA (Chaplin/First National) 1919/20, Regie und Buch: Charles Chaplin, Darsteller: Charles Chaplin, Edna Purviance, Jackie Coogan, Carl Miller, Tom Wilson, Länge 1615 m.

Abbildungsnachweis

S. 12/13 aus: Bernard Chardère (Hg.), *Les Lumières*, Lausanne 1985; S. 17, 18, 19, 23, 25, 36/37, 40, 48, 49, 61, 80, 107, 112, 133, 134, 154 Privatarchiv Hanns Zischler; S. 26 aus: Kirk Varnedde/Adam Gopnick, *High & Low*. The Museum of Modern Art, New York 1991, © by Roger-Viollet, Paris; S. 28 aus: *Pathé. Premier Empire du Cinéma*, Paris 1994, © by Editions du Centre Pompidou; S. 34 aus: Varnedde/Gopnick, *High & Low*, New York 1991, © by Ray Moniz, © by Jim Strong; S. 35 aus: *Art & Publicité. Catalogue de l'Exposition*, Paris 1990, © by Editons du Centre Pompidou; S. 43, 46 Fotomuseum München (Fotos Gerhard Ullmann); S. 44, 57 Tschechisches Nationalmuseum Prag; S. 51, 94, 95 aus: Klaus Wagenbach, *Kafka. Bilder aus seinem Leben*, Berlin 1994, © by Klaus Wagenbach; S. 65, 77, 79, 132, 137 Bibliothèque Nationale, Paris; S. 66, 67 aus: Lamberto Sanguinetti, *Il Teatro Fossati di Milano*, Mailand 1972; S. 70 aus: *Pathé. Premier Empire du Cinéma*, Paris 1994, © by Editions du Centre Pompidou, © by Roger-Viollet, Paris; S. 71 aus: Francis Lacloche, *Architectures de Cinémas*, Paris 1981, © by M. Renard, Paris, © by Roger-Viollet, Paris; S. 82, 83, 97, 101, 145 Stiftung Deutsche Kinemathek, Berlin; S. 87 Stadtarchiv Kassel; S. 98 Theaterarchiv Akademie der Künste, Berlin; S. 108, 109 aus: *Restaurations et tirages de la Cinémathèque Française III*, 1988; S. 110 Cinémathèque Française; S. 125 aus: Jean-Louis Capitaine (Hg.), *Les Premières Feuilles de la Marguerite. Affiches Gaumont 1905–1914*, Paris 1994.

Der Verlag bittet die Rechteinhaber, die in einigen Fällen nicht ermittelt werden konnten, sich an ihn zu wenden.